John Dear

Ein Mensch des Friedens
und der Gewaltfreiheit
werden

John Dear

Ein Mensch des Friedens und der Gewaltfreiheit werden

Ausgewählte Aufsätze und Reden

Übersetzt von
Ingrid von Heiseler

Ausgewählt und herausgeben von
Thomas Nauerth

Mit einem Vorwort von
Peter Bürger

edition pace

Umschlagabbildung:
Die nordirische Friedensnobelpreisträgerin
Mairead Corrigan-Maguire und John Dear auf dem
Internationalen katholischen Kongress
‚Nonviolence and Just Peace', Rom im April 2016
(Foto: P. Bürger, bearbeitet von B. Schaller)

John Dear

*Ein Mensch des Friedens
und der Gewaltfreiheit werden.*
Ausgewählte Aufsätze und Reden

Übersetzt von Ingrid von Heiseler,
ausgewählt & herausgeben von Thomas Nauerth

edition pace 1

Satz & Gestaltung: www.friedensbilder.de
Herstellung & Verlag: BoD – Books on Demand, Norderstedt
ISBN: 978-3-7460-8898-3

Inhalt

Vorwort

In seiner wahrlich ‚historischen' Rede vor dem US-Kongress kam Bischof Franziskus von Rom am 24. September 2015 ausführlich auf Martin Luther King, Dorothy Day und Thomas Merton zu sprechen. Diese drei ‚großen Namen' verweisen auf das Zeugnis einer Kirche der Armen und stehen für eine Botschaft universeller Solidarität. Sie erinnern uns außerdem – in einer Weise der Stellvertretung – an die vielen Christinnen und Christen in den Vereinigten Staaten von Amerika, die sich im letzten Jahrhundert nachhaltig von Gandhis Weg der Gewaltfreiheit inspirieren ließen. Prominente christliche Leitgestalten innerhalb einer Bewegung, von der wir in Europa viel lernen durften, waren auch die Priester Daniel und Philip Berrigan. Diese beiden Brüder haben die symbolisch direkt störende und zerstörende Aktion populär gemacht, um dem Kriegsgötzen Widerstand entgegenzusetzen und die profitablen Geschäfte seiner Handlanger zu demaskieren.

1. In der Tradition der Berrigans steht John Dear, der unter Bezugnahme auf Daniel Berrigan SJ über die ‚Illegalität von Ostern' sagen kann: „Die Auferstehung ist die größte Tat des zivilen Ungehorsams in der gesamten Menschheitsgeschichte" (→S. 52, vgl. auch S. 24). Aufgrund seines eigenen zivilen Ungehorsams und des Widerstands gegen die Apparatur des Krieges wurde John Dear mehr als 75 Mal inhaftiert; seine längste Haftstrafe belief sich auf acht Monate Gefängnis. Von seinen über 30 Buchveröffentlichungen liegen Übersetzungen in zehn Sprachen vor. John Dear ist gegenwärtig einer der populärsten Botschafter des gewaltfreien Weges in den USA. Als „Peacemaker", Organisator, Autor und Vortragsreisender

wirbt er seit Jahrzehnten für ein entschiedenes Christsein: „In diesen dunklen Zeiten ist unsere Aufgabe einfach: die Wahrheit sagen, gegen Krieg und Ungerechtigkeit Widerstand leisten, Gewaltfreiheit üben, den Armen beistehen, alle Menschen lieben, beten und die Vision einer neuen Welt ohne Krieg, Armut und Atomwaffen aufrechterhalten. Wir sind berufen, dem gewaltfreien Jesus auf der Straße des Friedens zu folgen."

Mit dem hier dargebotenen Buchband erschließt Thomas Nauerth, Herausgeber der digitalen „Handbibliothek Christlicher Friedenstheologie", erstmals eine repräsentative Textauswahl für das deutschsprachige Lesepublikum. Die Übersetzungen verdanken wir Ingrid von Heiseler (→S. 166-167).

In den Texten werden unterschiedliche Seiten und Wirkungsfelder des Autors vermittelt: sein Charisma als Redner, seine schriftstellerische Friedensarbeit sowie schließlich auch – exemplarisch – seine Friedensmissionen in der Nähe und in ‚aller Welt' (Afghanistan-Tagebuch 2012).

2. Zum ersten Mal bin ich John Dear im Juni 2015 auf dem Rastatter Kongress „Gerechten Frieden weiterdenken" der deutschen Sektion von *pax christi* begegnet. Mich beeindruckte sein Sinn für visionäre Forderungen, die er mit höchster Verbindlichkeit angeht: „Wir müssen den Papst bitten, der Kirche eine Enzyklika über die Gewaltfreiheit zu schenken." Viele Vorträge in Rastatt waren akademischer Natur und zeugten nicht unbedingt von Leidenschaft. Mit Johns Beitrag „Spiritualität der Gewaltfreiheit" kam eine neue Tonart ins Spiel. Er war sich dessen wohl bewusst und versicherte den Zuhörern mit einem Schuss Selbstironie, keineswegs „zu viel Kaffee" getrunken zu haben. Während der Ausführungen hörte ich eine ganze Weile Johns Stimme und schaute gleichzeitig in das Gesicht der uns zugewandten Übersetzerin. In diesem Gesicht war die ‚energetische' Seite, die dieser US-amerikanische Botschafter des gewaltfreien Weges einbrachte,

ablesbar: *Freude*. Die Übersetzerin hat mir dann in einer Konferenzpause bestätigt, dass es auch ihre ureigene Freude war.

John Dear weiß aufgrund eigener Erfahrungen, dass der Widerstand gegen das ‚Imperium der Gewalt‘ einem Friedensarbeiter viele Nachteile, Missachtung und sogar Monate im Gefängnis einbringen kann. Trauer, Schmerz und Freude gehören gleichermaßen zum mitfühlenden Weg der Gewaltfreiheit: „Seht Erzbischof Tutu. Er tanzt durch sein Leben, obwohl er sein Leben lang unter Todesdrohung gestanden hat. Liebe Freunde, fangt zu tanzen an!" (→S. 30)

3. An nicht wenigen Stellen seiner Texte, in denen vom *Imperium* (Empire) die Rede ist, bezieht sich John Dear auf die Vereinigten Staaten und deren Rolle als hochgerüstete ‚Weltmacht Nummer Eins‘. Wenn wir ihm hier folgen wollen, werden wir bei *uns* nationale Militärdoktrinen zur Sicherung geostrategischer und wirtschaftlicher Interessen etc. anprangern – statt nach dem Vorbild rechter Kreise die eigene Nation (bzw. Europa) lediglich als einen willenlosen ‚Spielball der USA‘ wahrzunehmen. Die imperiale Vormachtstellung auf dem Globus fällt einem Land in der Geschichte vor allem aufgrund bestimmter ökonomischer Konstellationen zu und nicht etwa deshalb, weil seine Bewohner besonders böse wären. (Sie ist außerdem vorübergehend. Bald schon könnte z.B. die Zeit der USA als ‚Supermacht‘ endgültig vorbei sein.) Glaubwürdig ist allein eine Kritik, die das gegenwärtige und *jedes* nachfolgende Imperialgefüge in Frage stellt. Die menschliche Zivilisation kann sich in ihrem fortgeschrittenen Stadium überhaupt kein Imperium – d.h. eine Herrschaft von Ländern oder Militärbündnissen über andere – mehr leisten. Für den zivilisatorischen Ernstfall des 3. Jahrtausends gilt, was Martin Luther King so ausdrückt: „Wir haben nicht mehr die Wahl zwischen Gewalt und Gewaltfreiheit, sondern nur noch zwischen Gewaltfreiheit und Nichtexistenz." (→S. 98) An die Stelle des Krieges muss ein Zeitalter der globalen Zusam-

menarbeit treten. Dazu gibt es keine Alternative, sofern die Erde ein Lebensraum für alle Menschen bleiben soll.

In den theologischen Grundaussagen von John Dear wird nun allerdings mit dem Terminus „Imperium" in der Regel gar kein bestimmtes Land bzw. Machtzentrum bezeichnet. „Imperium" meint in einem befreiungstheologischen Kontext mehr als ein Gebilde, das geographisch eingekreist und dingfest gemacht werden kann. In der auch von John Dear rezipierten Theologie eines Walter Wink kommt ein System von Herrschaft zur Sprache, das sich durch den Mythos erlösender Gewalt legitimiert (→S. 94-95). Dieses todbringende „Imperium der Gewalt" manifestiert sich in sichtbaren ökonomisch-militärischen Strukturen, politischen Regierungskomplexen usw., ist mit diesen aber nicht deckungsgleich. Es handelt sich – grundlegend – bei diesem „Imperium" eher um ein zerstörerisches ‚Zivilisationsprogramm'.

4. Anfang der 1980er Jahre verspürte John Dear als junger Mann eine Berufung zur Friedensarbeit gemäß der Bergpredigt Jesu und trat in den Jesuitenorden ein (→S. 55-56). Das Zeugnis von Bischof Oscar Romero († 1980) und das Martyrium einer ganzen Jesuiten-Kommunität (1989) in San Salvador sind für seinen späteren Weg als Priester sehr bedeutsam (→S. 14-15). Als 75 Soldaten einer Einheit am 20. November 2003 vor seinem Pfarrhaus im Nordosten von New Mexico marschieren und „Töten, töten, töten!" schreien, hält er eine Ansprache: „Im Namen Gottes befehle ich euch, aus dem Militär auszutreten, nicht in den Irak zu gehen, weder jemanden zu töten noch euch töten zu lassen!" (→S. 69) Man muss hier unweigerlich an den berühmten Aufruf zur Befehlsverweigerung denken, den Oscar Romero kurz vor seiner Ermordung an die Militärangehörigen in El Salvador gerichtet hat.

Anfang 2014 verlässt John nach über drei Jahrzehnten den Jesuitenorden, was er zeitnah in einem Beitrag beleuchtet (→S. 143-147). Der ewige Zwiespalt zwischen Prophetenauftrag und Priesteramt mag in diesem Fall auf Dauer für alle Beteiligten anstrengend gewesen sein. Das Abrücken der US-amerikanischen Jesuitenoberen von einer gelebten Option für Gerechtigkeit und Frieden, wie sie der Orden unter der Leitung des heiligmäßigen Pedro Arrupe entfalten konnte, lässt sich mit fehlendem Ordensnachwuchs kaum erklären und muss für John Dear sehr schmerzhaft gewesen sein. Eine Verbitterung gegenüber der Kirche, der zum Zeitpunkt seines Ordensaustritts bereits ein Jesuit als Bischof von Rom diente, bringt der Text jedoch nicht zum Ausdruck.

5. Meine zweite Begegnung mit John Dear erfolgte im April 2016 auf dem internationalen katholischen Kongress „Nonviolence and Just Peace" in Rom. John wies beim Wiedersehen sogleich auf eine Freundin an seiner Seite, die nordirische Friedensnobelpreisträgerin Mairead Maguire, hin und beglückwünschte mich zur Möglichkeit, eine der großen Lehrerinnen des gewaltfreien Weges in der weltweiten Christenheit kennenzulernen. Mit kraftvoller Autorität und Stimme trug Mairead im Plenum ihre Absage an die militärische Heilslehre vor: „Violence doesn't work!" Gewalt funktioniert nicht! Das einzige, was man mit ihr bewerkstelligen kann, ist die Verbreitung von Tod und Tränen.

Oft sind wir ratlos und verstehen nicht, warum der offenkundige Bankrott des Kriegsapparates im politischen Raum so hartnäckig geleugnet wird. Gerade aus Beiträgen von US-amerikanischen Theologen können wir gut lernen, dass diese Irrationalität nicht allein mit Rüstungsprofiten zu tun hat, sondern in einer machtvollen ‚Religion der Gewalt' wurzelt. Dieser Komplex macht uns blind für die Alternativen zur Gewalt, die er zur Aufrechterhaltung der Kriegsmaschine unserem Vorstellungsvermögen ganz entziehen muss.

Für das ‚Imperium', das sich im Bereich des Äußeren mit einem ‚Hightech'-Militärsystem aufrechterhält, sind Aufrufe zum bewaffneten Widerstand nicht gefährlich, sondern nur jene Bewegungen und Erfahrungen, durch die sich die revolutionäre Grundgewissheit von Gandhi verbreitet: „Gewaltfreiheit ist die großartigste und aktivste Kraft in der Welt" – stärker als die Waffen im gesamten Universum (→S. 63, 105). John Dear gehört – wie wohl alle Teilnehmer der weltkirchlichen Friedenskonferenz des Jahres 2016 – zu den Menschen, die immun werden möchten gegen die Einflüsterungen der Vergeblichkeit: „Hoffnung ist die endgültige Weigerung aufzugeben" (Martin Luther King Jr.; →S. 37).

Der Papst hat zwar noch nicht die Enzyklika über Gewaltfreiheit geschrieben, doch John berichtet im letzten Beitrag der vorliegenden Textauswahl über eine päpstliche Botschaft zum Weltfriedenstag 2017, die den Titel *Gewaltfreiheit: Stil einer Politik für den Frieden* trägt. Franziskus hat außerdem im November 2017 der Internationalen Kampagne zur Abschaffung von Atomwaffen (ICAN) seinen Dank ausgesprochen und ausdrücklich schon den *bloßen Besitz* von Atomwaffen scharf verurteilt, womit die vom letzten Konzil vorgenommene Verdammung des Systems der Massenvernichtung an Eindeutigkeit noch überboten wird. Auch der Ruf von Friedensbotschaftern aus der ganzen Weltkirche, die unselige Lehre vom sogenannten ‚gerechten Krieg' expressis verbis aufzugeben, ist nicht auf taube Ohren gestoßen. Zwischenzeitlich hat Franziskus in einem als Buch veröffentlichten Interview mit dem Soziologen Dominique Wolton erklärt: „Wir müssen das Konzept vom ‚gerechten Krieg' heute überdenken. Kein Krieg ist gerecht. Das einzige, was gerecht ist, ist der Frieden."

März 2018   Peter Bürger

Eine Spiritualität
des Widerstandes

Liebe Freunde[1], ich danke euch für alles, was ihr für Frieden und Gerechtigkeit, für den Gott des Friedens und der Gerechtigkeit tut. Ich wurde gebeten, über „eine Spiritualität des Widerstandes" zu sprechen. Ich definiere „Spiritualität" im weiten Sinne als eine Lebensweise, einen „Weg", in eurer Sprache: „Sabeel". Das bedeutet: So wie es viele Wege gibt, gibt es auch viele Spiritualitäten. Wir sprechen hier darüber, Gott zu finden, wenn wir dem Imperium Widerstand entgegensetzen, mit Jesus zu gehen, wenn wir dem Imperium Widerstand entgegensetzen, und im Heiligen Geist des Glaubens, der Liebe und der Hoffnung zu leben, wenn wir dem Imperium Widerstand entgegensetzen.

Ich denke, ich werde euch ein wenig von meiner eigenen Geschichte des Widerstandes erzählen und euch dann zehn Ausgangspunkte für eine Spiritualität der Gewaltfreiheit und des Widerstands gegen das Imperium anbieten. Es sind nur bescheidene Reflexionen, von denen ich hoffe, dass sie euch dazu anregen werden, die spirituelle Dimension zu entfalten und die Wurzeln eures eigenen gewaltfreien Widerstandes aufzudecken. Ich frage also: Was ist eure Spiritualität der Gewaltfreiheit und des Widerstandes? Wie fordert ihr das Imperium heraus, wie widersteht ihr ihm und wie bleibt ihr dem Gott des Friedens treu? Wo ist Gott bei eurer Reise heraus *aus* dem Imperium, bei eurer Reise des Widerstandes gegen das

---

[1] John Dear hielt diese Rede am 28. Februar 2011 anlässlich der Achten Sabeel-Konferenz in Bethlehem in Palästina (Sabeel Ecumenical Liberation Theology Center. Working for Justice, Peace and Reconciliation in Palestine – Israel; www.sabeel.org).

13

Imperium? Wer ist der Gott, dem ihr begegnet, wenn ihr dem Imperium widersteht? Welche spirituellen Übungen und Ressourcen nutzt ihr auf eurer Lebensreise der Gewaltfreiheit und des Widerstandes?

Meine Geschichte des gewaltfreien Widerstandes
gegen das Imperium

Vor dreißig Jahren, als ich 21 war, entschied ich mich für den Versuch, Jesus zu folgen. Ich kam dabei auf einer Pilgerreise für einige Monate hierher. Aber noch in der Woche, als ich 1982 abreiste, marschierte Israel in den Libanon ein und tötete im Laufe dieses dreimonatigen Krieges viele Tausend Menschen. Das alles war vom Pentagon inszeniert und von dort auch kam der Name „Operation Frieden für Galiläa". Gegen Ende meines Aufenthalts zeltete ich illegal am See Gennesaret, besuchte die Kapelle der Seligpreisungen und dachte zum ersten Mal über die Bergpredigt nach. Ich nahm mir diese großartigen Gebote zu Herzen: „Hunger und Durst nach Gerechtigkeit; gesegnet seien, die Frieden stiften; liebe deine Feinde." Während ich über die Bergpredigt nachdachte, sah ich israelische Kampfflugzeuge im Tiefflug über dem See Gennesaret auf ihrem Weg in den Libanon, um dort Menschen zu bombardieren. Diese Erfahrung des Krieges am See Gennesaret änderte mein Leben. Seitdem versuche ich die Bergpredigt zu leben, ich verstehe sie als einen Ruf, dem Gott des Friedens treu zu sein und Imperium und Krieg Widerstand entgegenzusetzen, und als Einladung, Gottes gewaltfreie Herrschaft des Friedens hier und jetzt willkommen zu heißen.

Ein weiterer Wendepunkt: 1985 ging ich nach El Salvador, um dort in einem Flüchtlingslager zu arbeiten. Der von den USA unterstützte Krieg war auf seinem Höhepunkt. Ich arbeitete bei den Jesuiten an der Universität in San Salvador. Dort sagte der Theologe und Dekan der Universität Ignacio Ellacuria zu uns: „Die Bestimmung der Jesuitenuniversität in El Salvador ist die Förderung der Herrschaft Gottes. Ihr steht jedoch nur dann für die Herrschaft Gottes, wenn ihr öffentlich aktiv gegen die Gegenherrschaft eintretet. Ihr könnt nur dann den Anspruch erheben, für Frieden und Gerechtigkeit zu sein, wenn ihr euch öffentlich aktiv gegen Krieg und Ungerechtigkeit einsetzt." Dieser furchtlose, standhafte und freimütige gewaltfreie Widerstand gegen den Krieg forderte mich heraus und inspirierte mich.

Ellacuria und fünf andere Jesuiten wurden am 16. November 1989 von 28 Soldaten ermordet. 19 von ihnen waren in den USA in der „School of Americas" im Fort Benning in Georgia ausgebildet worden. Das Märtyrertum dieser Jesuiten inspiriert mich weiterhin dazu, Krieg und Imperium Widerstand entgegenzusetzen.

Inzwischen organisiere ich Demonstrationen gegen die Kriege der USA, sage meine Meinung, überschreite die Linie und werde in Militärbasen im ganzen Land verhaftet. Am 7. Dezember 1993 gingen vier von uns auf die Seymour Johnson Air Force Base in North Carolina mitten durch die Kriegsspiele und schlugen in einer Pflugscharaktion zweimal mit Hämmern auf ein atombombenfähiges F-15 Kampfflugzeug. Soldaten umringten uns und ich sagte als Sprecher der Gruppe: „Wir sind unbewaffnete, friedliche Menschen. Wir meinen es nicht böse, wir wollen nur diese Todeswaffe demontieren!" Wir hofften, dass alle sich besinnen würden, dass die Soldaten sagen würden: „Genau das denken wir auch! Natürlich, nur zu! Danke!" Ich sagte dem Richter, wir hätten versucht, Jesajas Gebot, Schwerter zu Pflugscharen umzuschmieden, und Jesu Gebot („Liebt eure Feinde, greift sie nicht mit Atomwaffen an": Das ist die aktuelle Übersetzung aus dem Griechischen!) zu erfüllen. Für diese Aktion standen mir 20 Jahre Gefängnis bevor und ich wurde zweier schwerer Verbrechen für schuldig befunden. Ich verbrachte acht Monate im Gefängnis. Ich bin also ein Ex-Häftling, darf nicht wählen, werde regelmäßig überwacht und fühle mich, als hätte mich das Imperium exkommuniziert.

Seit damals versuche ich, meinen Weg in Solidarität mit den Entrechteten zu gehen, und protestiere gegen unsere Kriege und Atomwaffen. Ich wurde etwa 75-mal wegen zivilen Ungehorsams verhaftet und war in vielen Gefängnissen. Die letzten neun Jahre lebe und arbeite ich als Pastor in New Mexico, einem der ärmsten Bundesstaaten, der jedoch der Geburtsort der Atombombe ist. Wir haben eine gewaltfreie Kampagne gegen die *Los Alamos National Laboratories*, wo alle US-Atombomben ihren Anfang nehmen, ins Leben gerufen und wir fordern weiterhin nukleare Abrüstung.

Vor Kurzem habe ich nach einem Protest gegen den Irakkrieg ein Jahr unter strengen Bewährungsauflagen der Bundesregierung gelebt. Ich musste mich jede Woche bei einem Beamten der Regierung melden und ich musste um eine Genehmigung ersuchen, wenn ich reisen und den Staat verlassen wollte. Letztes Jahr habe ich versucht, nach Gaza zu kommen. Ich schloss mich mit 1400 anderen dem *Gaza Freedom March* von Kairo nach Gaza an. Mubarak hielt uns auf, also verstießen wir gegen die Ausgangssperre und demonstrierten zehn Tage lang auf dem Tahirplatz. Bei dieser Gelegenheit schloss ich mich einem achttägigen Fasten für das Ende der Besetzung von Gaza an. Dieses Fasten wurde von der 85-jährigen jüdischen Holocaust-Überlebenden Hedy Epstein angeführt.

Vor eineinhalb Jahren marschierten vierzehn von uns zur *Creech Air Force Base* in Nevada, dem Hauptquartier der US-Drohnen-Waffen, der unbemannten Kampfbomber, die im Irak, in Afghanistan und Pakistan zum Bombardieren von Zivilisten eingesetzt werden. Ich fürchte, sie werden bald am Himmel von Bethlehem erscheinen. Wir wurden verhaftet, in Las Vegas eine Nacht lang ins Gefängnis gesperrt und standen im letzten Herbst vor Gericht. Der Richter überraschte uns damit, dass er sagte, er brauche vier Monate, um über seine Entscheidung nachzudenken. Vor zwei Wochen standen wir wieder vor dem Gericht in Las Vegas und natürlich sprach er uns schuldig. Ich erwartete sechs Monate Gefängnis, aber er sagte, die Untersuchungshaft werde auf die Strafe angerechnet. Deshalb bin ich besonders glücklich, dass ich heute Morgen bei euch sein kann!

„Jerusalem, Jerusalem, wenn doch auch du
an diesem Tag erkannt hättest, was dir Frieden bringt"

Wir sprachen eben über das Imperium, das amerikanische Imperium, das israelische Imperium, die Besetzung, die Mauer, die Siedlungen, die Belagerung von Gaza, die Apartheid, das schreckliche Veto Obamas neulich in den UN – und alles das in einer Welt, in der eine Milliarde Menschen hungern, in der es 30 Kriege, weltweit 730 US-Militärbasen, 20.000 Atombomben, Gewalt, Folter, Hinrichtungen und wirtschaftliche Zusammenbrüche gibt und in der destruktive Politik uns einen katastrophalen Klimawandel eingebracht hat. Wir stecken bis über beide Ohren im Imperium! Das Imperium ist die Luft, die wir atmen. Es ist normal. Wir haben es verinnerlicht. Und wir haben unsere Kirchen, unsere Theologie und unsere Spiritualität in den Dienst des Imperiums gestellt. Wenn wir also über eine Spiritualität des gewaltfreien Widerstandes sprechen, müssen wir zuerst einmal erkennen, dass die meisten von uns in einer Spiritualität des Krieges, einer Spiritualität der Besetzung, einer Spiritualität des Imperiums befangen sind.

Es ist eine alte Geschichte. In dieser falschen Spiritualität des Imperiums und des Krieges glauben wir, Gewalt könnte uns retten, Krieg brächte Frieden, Macht würde Recht schaffen, Atomwaffen wären unsere einzige Sicherheit. Gott segnet

Kriege. Wir streben nicht nach Vergebung und Versöhnung, sondern nach Sieg und Herrschaft. Die „gute Nachricht" ist nicht, den Feind lieben, sondern den Feind vernichten zu können, damit wir ihm sein Land und seine Naturressourcen stehlen und für uns behalten können. Manche von uns denken, das Imperium wäre auf unserer Seite, es gäbe uns Leben, es wäre unser Gott. In Wirklichkeit bewirken Imperien, dass das Gute stirbt. In unserer Spiritualität der Gewalt und des Imperiums weisen wir Jesu Ruf, aus dem Imperium auszuziehen, und seine Bergpredigt zurück und sagen, beides wäre nicht praktizierbar. Wir übernehmen vom Imperium die Theorie vom gerechten Krieg, wir unternehmen Kreuzzüge, wir segnen die Atomwaffen in Los Alamos und wir genießen die Bequemlichkeiten des Imperiums. Das Imperium will uns über Gott und das Leben belehren, es will die Kirchen lehren, auf welche Weise sie Kirche sein sollen, es will uns seine Theologie und Spiritualität aufdrängen, es will die Fragen von Sünde und Moral beantworten, uns sagen, was sündhaft und unmoralisch ist und über welche Themen wir reden sollen, während wir gleichzeitig weder den Mord an Millionen Irakern noch die Besetzung des Irak erwähnen, so, als wären diese nicht unmoralisch und eine Todsünde. Das Imperium will, dass die Kirchen gleichgültig, passiv sind und schweigen oder dass sie getrennt sind und einander bekämpfen, wenn sie nicht sogar Kriege, Besetzungen und Ungerechtigkeit segnen sollen. Man sagt uns, wir sollten uns mit der privaten Beziehung zu unserem imperialen Gott begnügen, sonntags in die Kirche gehen und schweigend mit den Massenmördern unserer Schwestern und Brüder durch die Welt gehen. Eine imperiale Okkupation von Herz, Geist und Seele hat von uns Besitz ergriffen. In alten Tagen nannte man das „Häresie", „Blasphemie" und „Götzendienst". Wir müssen diese großen Worte wieder in Gebrauch nehmen!

Gewalt
funktioniert nicht

Mahatma Gandhi und Dr. King und andere erteilen uns eine neue Lektion: Sie lehren die großartige Wahrheit, dass Gewalt nicht funktioniert. Krieg funktioniert nicht.

Gewalt als Reaktion auf Gewalt führt immer zu weiterer Gewalt! Wie Gandhi sagte: „Der alte Grundsatz ‚Auge um Auge' macht schließlich die ganze Welt blind." „Die durch das Schwert leben, werden durch das Schwert sterben", sagte Jesus. Man erntet, was man sät. Das Mittel ist der Zweck, der Weg ist das Ziel. Was im Kreis geht, kommt zurück. Krieg kann Terrorismus nicht aufhalten, weil Krieg Terrorismus ist. Krieg sät nur den Samen für künftige Kriege. Krieg kann niemals zu dauerhaftem Frieden oder wahrer Sicherheit oder einer besseren Welt führen oder uns dabei helfen, das Böse zu überwinden, oder uns lehren, wie wir menschlich sein sollen – noch weniger kann er das spirituelle Leben vertiefen.

Wenn wir Frieden wollen, müssen wir die Lüge des Krieges und des Imperiums und die falsche Spiritualität des Krieges und des Imperiums aufdecken und sagen: Krieg und Imperium entsprechen nicht dem Willen Gottes. Krieg und Imperium werden niemals von Gott gesegnet. Krieg und Imperium sind niemals gerechtfertigt, sondern Krieg und Imperium sind die Definition von Todsünde, Götzenverehrung und des Dämonischen, denn sie sind lebensfeindlich, demokratiefeindlich, menschenfeindlich, antigöttlich und antichristlich. Für Christen sind friedliche Mittel die einzigen Wege in eine friedliche Zukunft und zum Gott des Friedens.

Deshalb möchte ich zehn Ausgangspunkte für eine Spiritualität des Widerstandes anbieten, eine Spiritualität für unsere Lebensarbeit, mit der wir das Imperium herausfordern und dem Gott der Liebe und des Friedens treu bleiben. Sie sind nur bescheidene Denkanstöße, die euch beim Nachdenken über eure eigene Spiritualität des Widerstandes und über die spirituellen Quellen, die euch im lebenslangen Kampf um Gerechtigkeit und Frieden nähren, helfen können.

Zehn Ausgangspunkte
für eine Spiritualität des Widerstandes

1. Spiritualität des Widerstandes als Spiritualität der Gewaltfreiheit

Am Vorabend des Tages, an dem er getötet wurde, sagte der große Prophet des Friedens und der Gerechtigkeit Martin Luther King: „Wir haben nicht mehr zwischen Gewalt und Gewaltfreiheit zu wählen, sondern zwischen Gewaltfreiheit und Nichtexistenz." Ich denke, das ist der Punkt, an dem wir heute sind … am Rande der globalen imperialen Zerstörung sind wir berufen, das Volk des Evangeliums der Gewaltfreiheit zu werden.

Wir fordern das Imperium und die falsche Spiritualität jedoch nicht mit den Mitteln des Imperiums heraus. Wir tun es, sagt King, mit aktiver, kreativer, liebender Gewaltfreiheit. Diese leitet sich aus der Bergpredigt, Matthäus 5,39 ab: „Leistet dem, der euch etwas Böses antut, keinen Widerstand". Ich mahne uns alle, mit dieser Lehre zu experimentieren. Unsere palästinensischen Brüder und Schwestern machen das so gut! Sie praktizieren aktive Gewaltfreiheit als Grundlage für eine Spiritualität des Widerstandes gegen das Imperium.

Gandhi und King sagten, wir könnten niemals genug über das dürftige Wort „Gewaltfreiheit" nachdenken. Das beginnt mit der Vision von einer versöhnten Menschheit. Dr. King nannte sie „die geliebte Gemeinschaft", die Wahrheit, dass alles Leben heilig ist, dass wir alle gleich sind, Schwestern und Brüder, bereits versöhnt, bereits vereint, bereits eines. Von diesem Ausgangspunkt unserer gemeinsamen Einheit aus könnten wir niemals einen anderen Menschen verletzen oder töten und noch weniger könnten wir angesichts eines Imperiums, angesichts von Krieg, Besetzung, Hunger, Atomwaffen, Ungerechtigkeit und Gewalt schweigen. Gewaltfreiheit ist keine Taktik oder Strategie und sie ist ganz gewiss nicht passiv. Sie ist eine neue Lebensweise. Wir schwören der Gewalt ab und geloben, niemals irgendjemanden zu verletzen. Dann handeln wir im Streben nach der Wahrheit unserer gemeinsamen Menschlichkeit in aktiver und mutiger Liebe für Gerechtigkeit und Frieden.

Wir leisten Imperium, Krieg und der systembedingten Ungerechtigkeit Widerstand, indem wir uns beharrlich mit allen versöhnen und zulassen, dass Gott die Wurzeln des Imperiums aus unseren Herzen reißt. Und was auch geschieht: Wir halten an unserer Grundentscheidung für Gewaltfreiheit fest: Es gibt keinen Grund, wie edel er auch klingen mag, uns anders zu entscheiden. Es ist ganz gleich, was andere sagen: In keinem Fall befürworten wir die Tötung auch nur eines einzigen Menschen.

Von nun an strecken wir jedem Menschen nah und fern mit bedingungsloser, alles einschließender, alles umfassender, nicht Böses vergeltender, opferbereiter universeller Liebe die Hand entgegen. Ich spreche von einer Spiritualität der Liebe als Motivation für unseren Widerstand gegen das Imperium.

Die Welt sagt, angesichts von Gewalt gebe es nur zwei Möglichkeiten: entweder zurückschlagen oder davonlaufen. Aktive Gewaltfreiheit bietet uns eine dritte Möglichkeit: kreativen, standhaften, friedlichen Widerstand gegen Ungerechtigkeit. Dieser ist nicht passiv, sondern unendlich kreativ, wie Dr. King, Gandhi und unsere palästinensischen Brüder und Schwestern beweisen:

Wir erheben uns und widerstehen der Gewalt mit kreativer Liebe, wir vertrauen Gott, sind zum Leiden bereit und bestehen auf der Wahrheit unserer gemeinsamen Menschlichkeit, bis unseren Gegnern die Schuppen von den Augen fallen und wir mit ihnen versöhnt sind. Gandhi sagt: Es ist eine Lebenskraft, die stärker ist als alle Waffen der Welt zusammengenommen, weil es Gottes Weg ist, und wenn wir diese Lebenskraft einsetzen, wirkt sie ansteckend und kann die Welt entwaffnen.

Gewaltfreiheit beginnt also in unserem Herzen und geht von dort aus. Wir verhalten uns hier und überall unseren Familien und Nachbarn und auch unseren Gegnern gegenüber gewaltfrei. Wir praktizieren Gewaltfreiheit persönlich und setzen sie in Basis-Bewegungen für sozialen Wandel ein, um die Welt zu verändern, wie Gandhi in der indischen Revolution und Dr. King in der Bürgerrechtsbewegung gezeigt haben, wie die *People-Power*-Bewegung auf den Philippinen, wie Erzbischof Tutu und die Kirchen in Südafrika gegen die Apartheid gezeigt haben, wie uns Ägypten gerade zeigt! Walter Wink sagt, in den letzten dreißig Jahren hätten sich zwei Drittel aller Menschen in Basis-Bewegungen eines gewaltfreien Widerstandes engagiert. Dr. King sagte: Wir leben in der aufregendsten Zeit der gesamten Geschichte, weil wir *die* Menschen sind, die endlich gewaltfrei werden.

2. In der Nachfolge
eines gewaltfreien Widerständlers

Unsere Spiritualität des Widerstandes gründet sich auf den gewaltfreien Widerstand Jesu und auf unsere Nachfolge Jesu, des gewaltfreien Widerständlers gegen das Imperium.

Mahatma Gandhi hat gesagt: Jesus war der aktivste gewaltfreie Widerständler in der Geschichte und die einzigen Menschen, die nicht wissen, dass Jesus gewaltfrei war, sind die Christen.

Jesus lebte und lehrte aktiven, öffentlichen und kreativen gewaltfreien Widerstand gegen das Imperium. Er rief uns alle aus dem Imperium und aus der Besatzung heraus und befahl uns, unsere Nächsten und unsere Feinde zu lieben, mit allen Mitgefühl zu zeigen, nach Gerechtigkeit zu streben, allen zu vergeben, uns zu versöhnen und unser Leben der Liebe zu den Menschen zu widmen. Er organisierte die Armen, heilte sie vom Imperium und wanderte im Rahmen einer Kampagne aktiver Gewaltfreiheit von Galiläa nach Jerusalem zum Tempel. Dieser war das Symbol der imperialen und religiösen Unterdrückung der Armen und das Zentrum der Ungerechtigkeit des Systems. In einem Akt gewaltfreien zivilen Ungehorsams wirft er die Tische der Geldwechsler um. „Dies ist ein Haus des Gebetes", sagt er. Er verletzt niemanden, tötet niemanden und wirft auf niemanden eine Bombe. Aber er engagiert sich bei einer friedlichen, gewaltfreien Aktion. Er ist nicht passiv. Er ist ein gewaltfreier Revolutionär, eine Kraft, mit der die Herrschenden rechnen müssen, eine „Ein-Mann-Verbrechenswelle" im römischen Imperium. Natürlich wird er gefangen genommen und getötet.

Wenn ich zu Hause so etwas sage, antworten die Leute: „Das ist ja gut und schön, John, aber manchmal muss man eben jemanden töten. Krieg hat seine Berechtigung!" Wenn jemand so denkt, dann soll er in den Garten von Gethsemane gehen. Hier kommen die römischen Soldaten, und was tut der heilige Petrus? Wie sieht die „Spiritualität des Widerstandes" von Petrus aus? Er sagt sich: „Meine Aufgabe ist es, den Heiligen zu schützen." Also zieht er sein Schwert, um die Soldaten zu töten. Wenn überhaupt irgendwo in der Geschichte von Rettungen Gewalt gerechtfertigt gewesen ist, wenn es überhaupt je einen gerechten Krieg gegeben hat, so denkt er, dann hier! Aber dann fährt der Befehl auf ihn nieder: „Stecke dein Schwert in die Scheide!", sagt Jesus. Uns ist nicht erlaubt zu töten. Meine Freunde, dieses sind die letzten Worte Jesu an die Kirche und sie versteht ihn und seine Gewaltfreiheit zum ersten Mal. Was tun die Jünger? Sie laufen davon.

Vor Pilatus erklärt Jesus: „Wenn mein Königtum von dieser Welt wäre, würden meine Leute Gewalt gebrauchen und kämpfen, um mich vor den Juden zu schützen, aber es ist nicht von dieser Welt, deshalb gebrauchen sie keine Gewalt."

Jesus stirbt am Kreuz – wie Gandhi sagt: in vollkommener Gewaltfreiheit – und drückt damit aus: „Hier in meinem Körper hört die Gewalt auf. Euch allen ist vergeben, aber von nun an dürft ihr nicht mehr töten."

Und ebenso wie die Kreuzigung Jesu vollkommen legal war, so war seine Auferstehung vollkommen illegal. Die Soldaten wurden auf Wache vor dem Grab geschickt. Sie versiegelten das Grab mit dem Siegel des Imperiums, als wollten sie Jesus sagen: „Wir haben dich getötet und du bist tot, deshalb befehlen wir, dass du tot bleibst." Noch einmal übt Jesus zivilen Ungehorsam und gewaltfreien Widerstand! Er bricht das Gesetz und das Siegel des Imperiums und ist auf und davon. Und er sagt uns: „Friede sei mit euch! Schließt euch meiner Kampagne, meinem *Sabeel* des gewaltfreien Widerstandes gegen das Imperium an!

Als Menschen der Auferstehung wissen wir, dass unser Überleben schon garantiert ist. Wir wissen, dass das Leben stärker als der Tod, Liebe stärker als Hass ist, Frieden und Erbarmen stärker als Imperium und Krieg sind, Gewaltfreiheit stärker als Gewalt ist.

Daher ist unsere Spiritualität eine aktive Nachfolge Jesu, des gewaltfreien Widerständlers gegen das Imperium.

3. Ohne Furcht
in der Liebe Gottes leben

Eine Spiritualität der Gewaltfreiheit spiegelt die Gewaltfreiheit Gottes und bezeichnet unseren Identitätskern als Gottes geliebte Söhne und Töchter.

Das Imperium macht Angst; Gandhi sagte jedoch, dass sich eine Spiritualität des Widerstandes auf Furchtlosigkeit gründe. Er legte ein Gelübde der Furchtlosigkeit ab. Wie können wir ohne Furcht und in gewaltfreier Liebe leben? Ich meine, wir sollten die bedingungslose Liebe, die der Gott der Liebe und des Friedens jedem von uns erweist, zum Mittelpunkt unseres Lebens machen.

Wenn Jesus uns aus dem Imperium herausruft – hin zu Gerechtigkeit und Frieden, spricht er von einem Gott, der uns sehr liebt, einem Gott, der ein Imperium weder schafft noch will noch segnet, einem Gott, der will, dass wir als Kinder Gottes in der Fülle des Lebens leben.

Wie war es, als Jesus getauft wurde? Damals hörte er die Stimme sagen: „Das ist mein geliebter Sohn". Jesus ging in die Wüste und wurde dort vom Imperium, von der Gewalt, in Versuchung geführt, seine Kernidentität zu verleugnen.

Eine Stimme sagte: „O ja, wenn du Gottes geliebter Sohn bist, dann beweise es! Tu etwas!" Aber er weigerte sich, sich selbst zu verleugnen, beanspruchte seine wahre Identität als Gottes geliebter Sohn und setzte seine Mission, dem Imperium Widerstand zu leisten, fort. Er war treu bis zum Augenblick seines Todes; seine Beziehung zum Gott des Friedens blieb auch dann noch der Mittelpunkt seines Lebens. Sie sagten: „Wenn du Gottes Sohn bist, steig herab vom Kreuz …" Weil er seiner Grundidentität treu blieb, leistete er vollkommenen gewaltfreien Widerstand und Liebe bis in den Tod.

Zwei Schlüsseltexte sind für diese Grundidentität einer Spiritualität des Widerstandes wesentlich: „Selig, die Frieden stiften, denn sie werden Söhne und Töchter Gottes genannt werden" (Mt 5,9). Das Imperium versucht fortwährend, uns zu sagen, wer wir seien: „Du bist niemand!" oder „Du bist jemand, wenn du dieses Produkt kaufst!" In den USA haben die *Marines*[2] den Spruch: „Wenn du alles sein willst, was du sein kannst, tritt den *Marines* bei" – und wir sollten hinzufü-

---

[2] [Das United States Marine Corps, oft als *Marines* oder *US-Marines* bezeichnet, ist die als Teilstreitkraft organisierte Marineinfanterie der Streitkräfte der Vereinigten Staaten und einer der sieben Uniformed Services of the United States; https://www.marines.com/]

gen: „und töte für das Imperium!" Aber Jesus sagt uns, wer wir in Wahrheit sind. Er sagt: „Ihr seid die geliebten Söhne und Töchter des Gottes des Friedens und nicht Söhne und Töchter des Imperiums oder der Kultur von Krieg und Gewalt." In einer Spiritualität des Widerstandes erheben wir Anspruch auf diese Kernidentität und bleiben ihr treu. Deshalb gehen wir hin und schließen Frieden und leisten Widerstand gegen das Imperium und leben in Gottes Liebe und heißen Gottes Friedensreich willkommen.

Der andere Schlüsseltext ist: „Liebt eure Feinde und betet für die, die euch verfolgen…" (Mt 5,43-48).

Warum sollen wir das tun? Jesus sagt nicht: „Liebt eure Feinde, weil das das Richtige ist" oder „… weil es moralisch ist" oder „weil es die einzig praktikable politische Lösung ist". Er sagt: „Liebt eure Feinde, denn Gott lässt seine Sonne aufgehen über Bösen und Guten und er lässt regnen über Gerechte und Ungerechte." (Mt 5,45) Gott ist ein Gott der universellen gewaltfreien Liebe und ihr seid Söhne und Töchter des Gottes der universellen gewaltfreien Liebe, also bietet selbst universelle gewaltfreie Liebe an und das heißt: Setzt dem Imperium Widerstand entgegen und liebt jeden!

Dies ist die kühnste politische Feststellung in der gesamten Bibel. Jesus beschreibt das Wesen Gottes und verkündet das Gegenteil von dem, was das Imperium über Gott lehrt: Gott ist gewaltfrei und liebevoll, ein Gott der universellen Liebe. Er sagt: Als Gottes geliebte Söhne und Töchter sollt ihr dasselbe tun.

Aus diesem Grund definiere ich Gewaltfreiheit als Erinnerung daran, wer wir sind. Gewalt kommt daher, dass wir vergessen, wer wir sind. Die sozialen, wirtschaftlichen und politischen Implikationen dieser Lehre sind erstaunlich: Wenn wir Söhne und Töchter sind, dann ist jede unsere Schwester und jeder unser Bruder.

Deshalb ermutige ich uns, unsere Grundidentität als geliebte Söhne und Töchter eines Gottes, der Frieden schließt und universelle Liebe übt, geltend zu machen und dem treu zu sein, was wir sind. Wenn wir das tun, werden wir wie Jesus in der Lage sein, unseren ganzen Weg im gewaltfreien Widerstand gegen das Imperium zu gehen.

Wir könnten auch von Paulus' großartigem Bild sprechen, dass wir Bürger von Gottes Friedensherrschaft sind. Wir sind nicht mehr Bürger des amerikanischen Imperiums oder irgendeines anderen Imperiums, sondern zuerst und vor allem Bürger der Gottesherrschaft.

4. Zeit mit Gott verbringen

Eine Spiritualität des gewaltfreien Widerstandes bedeutet: Wir sind Menschen, die über Frieden und Gewaltfreiheit meditieren, Menschen, die täglich mit dem Gott des Friedens Zeit verbringen und die in inniger Beziehung zum Gott des Friedens leben und in dieser Grund-Identität als Gottes geliebte Söhne und Töchter wohnen.

Wir leisten dem Imperium Widerstand, das stimmt, auf der positiven Seite aber leben wir in Beziehung mit dem Gott des Friedens und verbringen täglich mit diesem Gott des Friedens Zeit in stillem Gebet, in Kontemplation und Meditation. Die Jesuiten empfehlen dreißig Minuten stiller Meditation täglich. Der Grund dafür, dass wir dieser Empfehlung nicht folgen, liegt darin, dass die Gewalt in uns die Oberhand gewinnt. Aber darum eben geht es: Im Gebet lassen wir zu, dass der Gott des Friedens die Wurzeln des Imperiums und des Krieges aus unserem Herzen reißt.

Es gibt viele Arten von Gebet, Meditation und Spiritualität und viele Hilfsmittel – vom Bibelstudium bis zu den Sakramenten – stehen uns zur Verfügung, aber ich empfehle, dass wir einfach nur bei Gott sind, dass wir zulassen, dass Gott uns liebt, dass wir zulassen, dass Gott uns heilt und dass wir einfach den Frieden Gottes genießen.

Wenn wir uns bei Gott in Sicherheit fühlen, können wir unsere inneren imperialen Tendenzen, unsere innere Gewalttätigkeit, unseren Zorn, unseren Hass und unseren Groll, unsere Bitterkeit und unsere Rachegelüste loslassen, wir können alle Wurzeln von Imperium, Krieg und Besatzung in uns ausreißen, um alles dem Gott des Friedens zu übergeben. Wir wollen Nachsicht und Straferlass und Vergebung jedem gewähren, der uns jemals verletzt hat. Wir wollen von Zorn und Gewalttätigkeit zu Gewaltfreiheit und Mitgefühl mit jedem übergehen. Wir wollen Gottes Gabe des Friedens in uns willkommen heißen, sodass wir selbst den Frieden, den wir in der Politik anstreben, als Personen ausstrahlen und unsere bloße Anwesenheit schon entwaffnet.

Wir sprechen hier von etwas wie einer neuen, das Imperium bedrohenden, also für das Imperium gefährlichen Heiligkeit und einer ebenso gefährlichen Mystik. Eben das haben Gandhi und King erreicht und eben das praktizieren auch unsere palästinensischen Brüder und Schwestern.

Wenn wir Zeit in inniger Beziehung mit unserem geliebten Gott verbringen, entdecken wir mit Erstaunen, dass – im Gegensatz zu dem, was uns das Imperium sagt – Gott kein Gott von Imperium und Krieg, sondern ein Gott des Friedens ist. Er ist kein Gott der Ungerechtigkeit, sondern ein Gott der Gerechtigkeit. Er ist kein Gott von Rache und Vergeltung, sondern ein Gott des Erbarmens und der Gnade. Er ist kein Gott der Gewalt, sondern ein Gott der Gewaltfreiheit.

Gandhi sagte: Je mehr wir uns Frieden und Gewaltfreiheit Gottes vorstellen können, umso mehr verehren wir den Gott des Friedens und der Gewaltfreiheit, und schließlich werden wir dann zu Menschen des Friedens und der Gewaltfreiheit.

Wenn wir im Frieden Gottes wohnen, hören wir auf das, was Gott uns sagen will, und Gott will uns immer nur ermutigen, wie es liebevolle Eltern tun. Wir erkennen das in Dr. Kings „Spiritualität des Widerstandes". Martin Luther King widerfuhr im Januar 1956 die einzige dramatische Gotteserfahrung in seinem ganzen Leben. Es war spät am Abend. Am Telefon hatte er eine Todesdrohung bekommen. Er ging in die Küche, legte seinen Kopf auf den Tisch und begann zu beten. In diesem Augenblick gab er auf. Aber gerade da hörte er eine Stimme sagen: „Setze dich für Gerechtigkeit ein, setze dich für Gleichheit ein, setzte dich für Frieden ein und ich verspreche dir, dass ich dich niemals allein lassen werde." Sein Leben lang sprach er von dieser Erfahrung, auch noch in der Woche, in der er starb. Gott hatte ihn ermutigt, den Kampf fortzuführen. Diese Botschaft gilt uns allen, das heißt, es ist das, was Gott jedem von uns sagen will, wenn wir uns die Zeit nehmen, ihm zuzuhören.

Ich möchte noch etwas über die Fürbitte sagen, über die Wichtigkeit, täglich für politischen Wandel, das Ende der Besatzung, das Ende des Krieges und das Ende des Imperiums zu beten. Ich möchte auch von der Lehre sprechen, dass wir für die, die uns verfolgen, beten sollen. Das bedeutet, wir müssen für die Siedler beten, die Krieg führen und das Imperium verwalten. Auch das gehört zu unserer Arbeit.

5. Achtsam gewaltfrei
uns und anderen gegenüber

Eine Spiritualität des gewaltfreien Widerstandes beginnt mit der Ausübung persönlicher achtsamer Gewaltfreiheit gegenüber uns und anderen.

Wir können unser persönliches Leben nicht führen, als wären wir kleine Kaiser, die ein eigenes persönliches Imperium regierten. Wir dürfen nicht mit der Besetzung unseres Lebens und unserer Seele durch das Imperium zusammenarbeiten. Das bedeutet als Erstes, dass wir nicht mit der gegen uns gerichteten Gewalt zusammenarbeiten dürfen. Wir müssen sicher sein, dass wir uns uns selbst gegenüber gewaltfrei verhalten. Ich denke, die Arbeit des gewaltfreien Widerstandes

ist darum schwierig, weil wir alle im Gewaltsystem aufge-
wachsen sind. Deshalb kann sich die in uns schwelende Gewalt jederzeit neu entzünden und die Wunden aus unserer
Vergangenheit können wieder aufreißen. Dessen müssen wir
uns bewusst sein. Wir müssen tief in uns hineinschauen und
die Gründe unserer Gewalttätigkeit genau betrachten. Wir
müssen freundlich mit uns umgehen und dürfen uns nicht
bestrafen, sondern müssen versuchen, die Gewaltfreiheit in
unserem Inneren weiterzuentwickeln.

Wir wollen auch daran denken, dass Jesus uns den Rat
gibt, unseren gewaltfreien Widerstand nicht auf Zorn zu
gründen. Er sagt in der Bergpredigt, dass das nicht funktio-
nieren wird, jedenfalls nicht auf Dauer. Es facht nur die erlö-
schende Glut der Gewalt an. Zu beachten ist, dass Jesus zwei
andere Gefühle betont: Trauer und Freude. Innerhalb des
Imperiums müssen mehr von uns in Solidarität mit unseren
Schwestern und Brüdern trauern. Aber auch die Freude müssen wir pflegen. „Selig, die um der Gerechtigkeit willen verfolgt werden ... Freut euch und jubelt!" Bei Lukas lesen wir:
„Springt vor Freude! Fangt zu tanzen an!" Seht Erzbischof
Tutu. Er tanzt durch sein Leben, obwohl er sein Leben lang
unter Todesdrohung gestanden hat. Liebe Freunde, fangt zu
tanzen an!

Als Aktivisten und Widerständler müssen wir zudem von
jetzt an und für den Rest unseres Lebens allen gegenüber,
denen wir begegnen, besonders gewaltfrei sein. Im Gegensatz
zur Spiritualität von Imperium und Besatzung lieben wir
jeden wie eine Schwester oder einen Bruder. Wir müssen aufmerksam auf unsere persönliche Gewaltfreiheit sein, damit
wir so liebevoll und mitfühlend sind, wie wir nur können. In-
sofern wir das können, sind nicht nur die Tage der Besatzung
und des Imperiums gezählt, sondern eine neue Welt wird
geboren.

Aus diesem Geist können wir Gemeinschaften der Liebe
und des gewaltfreien Widerstandes schaffen, für einander

sorgen und einander aufrechterhalten, neue Kirchen des gewaltfreien Widerstandes gegen das Imperium gründen und
unseren Freundeskreis zu einer globalen geliebten Gemeinschaft erweitern.

6. Leben in Fülle leben

Unsere palästinensischen Schwestern und Brüder zeigen uns,
dass eine Spiritualität des Widerstandes eine Lebensweise ist.
Für euch ist es Alltag. Schon leben und atmen ist ein Akt gewaltfreien Widerstandes. Das habe ich in At-Tuwani gesehen,
wo sie darum kämpfen, dass die Kinder in die Schule gehen
können, wo sie erleben müssen, dass ihre Schafe vergiftet und
ihre Hunde erschossen werden, und wo sie die Siedler fürchten müssen, die sie mit Macheten terrorisieren. Ihr leistet 24
Stunden am Tag und 7 Tage in der Woche gewaltfreien Widerstand!

Was der Dichter Edna St. Vincent Millay geschrieben hat,
gefällt mir: „Ich werde sterben, aber das ist alles, was ich für
den Tod tun werde." Genau das tut ihr! Ihr wisst auch, dass
ihr, wenn ihr euer Leben damit zubringt, dem Tod zu widerstehen, euer Leben in Fülle leben müsst, ein wirkliches Leben,
ganz und gar lebendig im gegenwärtigen Augenblick. Genau
das tut ihr!

Wir im Westen müssen erst wieder lernen, Gewaltfreiheit
für den Rest unseres Lebens zu unserer täglichen Übung zu
machen. Das bedeutet auch, dass unsere Spiritualität des Widerstandes engagiert sein muss, nicht passiv, sondern praxis-
orientiert. Es geht darum, zu handeln. Wir alle müssen uns
bei konkreten Aktivitäten des Widerstandes gegen Krieg und
Ungerechtigkeit engagieren. Wir müssen eine Spiritualität des
Widerstandes leben und atmen und unser Leben für den Widerstand gegen das Imperium einsetzen. Als ich mit dem
Arbeiterführer Cesar Chavez über Spiritualität sprach, sagte

er: „Sage allen, sie müssen sich an öffentlichen Aktionen für Frieden und Gerechtigkeit beteiligen!" Erzbischof Romero sagte an dem Tag, als er getötet wurde: „Niemand kann alles tun, aber jeder kann etwas tun."

Jede und jeder muss sich an öffentlichen Aktionen für Gerechtigkeit und Frieden beteiligen. Etwas, das wir alle tun können, ist, uns solidarisch mit unseren palästinensischen Schwestern und Brüdern und allen unterdrückten Völkern zu erklären. Insbesondere hoffe ich, dass wir alle Sabeel begleiten, Sabeel unterstützen, den Kreis der Freunde Sabeels[3] erweitern und sogar Gelder für Sabeel sammeln werden. In den USA müssen wir ganz gewiss eine Bewegung aufbauen, um gegen die jährlichen Treffen des AIPAC[4] in Washington zu protestieren. Wir müssen daran arbeiten, dass alle Militärhilfe der USA für Israel ausgesetzt wird, und uns der Kampagne für Kapitalabzug und Sanktionen anschließen.

7. Prophetischer Widerstand

Eine Spiritualität des Widerstandes ist prophetisch. Wir müssen Menschen des prophetischen gewaltfreien Widerstandes wie Dr. King und Gandhi sein. Das bedeutet, aufmerksam auf die Stimme des Gottes des Friedens zu hören und dann das zu sagen, was der Gott des Friedens von uns zu sagen verlangt. Wir sagen die Wahrheit mit Liebe, wir rufen einander aus dem Imperium heraus und wir rufen einander zum Gott des Friedens und ins Leben des Friedens zurück.

Eine Spiritualität des Widerstandes bricht das Schweigen und verweigert die Akzeptanz von Imperium und Krieg und die Komplizenschaft mit ihnen. Sie brandmarkt das Imperium und die falsche Spiritualität der Gewalt und verkündet Ge-

---

[3] [Vgl. „Friends of Sabeel Germany": http://www.fvsabeel-germany.de]
[4] [American Israel Public Affairs Committee: Amerikanisch-israelischer Ausschuss für öffentliche Angelegenheiten.]

rechtigkeit und Frieden. Das bedeutet, öffentlich Folgendes zu sagen:

„Im Namen des Gottes des Friedens, zieht aus dem Imperium aus! Unterstützt das Imperium nicht! Arbeitet nicht für das Imperium! Setzt dem Imperium Widerstand entgegen! Tragt dazu bei, das Imperium aufzulösen! Und beendet damit die Besatzung, beendet die Blockade von Gaza, reißt die Mauer ein, schafft die Apartheid ab und heißt die jüdische Vision von Schalom willkommen. Beendet den Krieg und die Besatzung des Irak, Afghanistans und Pakistans durch die USA! Beendet alle gegenwärtigen Kriege! Schließt alle 730 US-Militärbasen in der Welt! Schließt die Labore für Kernwaffen in Los Alamos in den USA und in Dimona in Israel ebenso wie das Pentagon. Rüstet alle Kernwaffen auf dem Planeten ab und stoppt den Waffenhandel und die Gier der Konzerne, die die Armen berauben und töten und die Erde vergiften! Gebt jedem hungernden Kind und Erwachsenen auf dem Planeten heute noch zu essen! Gebt jedem Menschen auf der Erde Wohnung, Gesundheitsfürsorge und Erziehung! Und erbaut hier und überall neue Kulturen der Gerechtigkeit, der Inklusion, der Gewaltfreiheit und des Friedens!"

Genau das müssen wir unbedingt sagen!

Diese prophetische Sprache spricht das *Kairos Palästina Dokument*[5], von dem ich hoffe, dass es alle lesen und genau betrachten und dass sie danach handeln werden.

8. Visionär einer neuen Welt der Gewaltfreiheit werden

Eine Spiritualität des Widerstandes zu praktizieren bedeutet, Visionär einer neuen Welt der Gewaltfreiheit zu sein.

Wenn wir gegen Imperium und Besatzung Widerstand leisten, stellen wir uns gleichzeitig eine neue Welt der Liebe

---

[5] [Vgl. www.kairospalestine.ps/?q=content/document. Deutsche Fassung erhältlich u.a. über den AphorismA Verlag Berlin.]

und des Friedens vor. Eines der Opfer von Imperium, Krieg und Besatzung ist die Fantasie. Sie geht verloren: Einige können sich nicht einmal ein Ende der Besatzung oder ein friedliches Leben als Nachbarn von Palästinensern vorstellen und noch weniger eine Welt ohne Krieg, Armut und Kernwaffen.

Das gehört jedoch zu unserem Leben und zu unserer Arbeit: Wir wollen jedem helfen, die Fantasie für den Frieden und die Ankunft einer neuen Welt der Gewaltfreiheit wiederzugewinnen. Wir alle sind blind, haben keine Vision. Wir müssen einander dabei unterstützen, Gottes Friedensreich mitten unter uns für möglich zu halten.

Denken wir an die Abolitionisten. Sie kamen einfach daher und verkündeten eine staunenswerte, atemberaubende neue Vision. Sie sagten: „Wir verkünden die Abschaffung der Sklaverei!" Und man antwortete ihnen: „Ihr seid verrückt! Sklaverei hat es schon immer gegeben." „Nein", sagten die Abolitionisten, „eine neue Welt zieht herauf, eine neue Welt ohne Sklaverei, eine neue Welt der Gleichheit." Sie erhoben eine neue Vision der Gleichheit auf ihre Schilde. Sie gaben ihr Leben dafür und verhalfen anderen dazu, diese neue Vision zu sehen.

Wir sind ihre Erben, meine Freunde! Wir sind die neuen Abolitionisten. Wir sagen: „Wir verkünden eine neue Welt ohne Mauern, ohne Besatzung, ohne Apartheid, ohne Gummigeschosse und Tränengas. Wir verkünden die Abschaffung von Krieg, Armut, Rassismus, Sexismus, Nuklearwaffen und Umweltzerstörung!" Erhebt diese Vision von Frieden in Gerechtigkeit auf eure Schilde und zeigt den Menschen eine neue Welt der Gewaltfreiheit!

9. Das Kreuz des
gewaltfreien Widerstandes

Eine Spiritualität des Widerstandes ist eine Spiritualität des Kreuzes. Sie besteht darin, das Kreuz des gewaltfreien Widerstandes gegen das Imperium auf sich zu nehmen und das Kreuz des gewaltfreien Widerstandes gegen das Imperium zu tragen.

Der bedeutende Theologe John Howard Yoder schrieb einmal: Das Kreuz ist nicht etwa eine Reifenpanne oder ein schwieriger Verwandter. Das Kreuz ist gewaltfreier Widerstand gegen das Imperium und die Kultur des Krieges. Jesus sagt: „Nimm das Kreuz des gewaltfreien Widerstandes gegen das Imperium auf und folge mir!"

Genau das tut ihr! Das ist nun schwer und wir sprechen nicht oft davon. Martin Luther King sagte, dass wir lernen müssten, kreativ vom Leiden Gebrauch zu machen. Statt andere zu töten, sind wir bereit, uns im Kampf für Gerechtigkeit und Frieden töten zu lassen. Statt dass wir anderen Gewalt antun, nehmen wir das Leiden an und haben dabei nicht einmal den Wunsch, es zu vergelten, da wir das Streben nach Gerechtigkeit mit der Liebe zu *allen* Menschen verbinden. King sagte: „Wir werden eure Fähigkeit, Leiden zuzufügen, mit unserer Fähigkeit, Leiden zu ertragen, ausgleichen und wir werden euch zermürben, weil unverdient leidende Liebe immer erlösend ist." Solche Liebe wirkt immer. Gandhi definierte gewaltfreien Widerstand als „bewusstes Leiden beim Streben nach der Wahrheit". Ihr tut das jetzt schon und auch wir lernen allmählich, es zu tun.

Das Evangelium sagt: Der Weg zum Widerstand gegen das Imperium ist der Weg des Kreuzes. Ich schlage vor, dass wir uns als Jesu Begleiter sehen, wenn er das Kreuz trägt. Wir wollen unser Leiden für Gerechtigkeit und Frieden mit dem seinen vereinen. Wenn wir eins sein können mit Jesus, wie er in gewaltfreiem Widerstand sein Kreuz trägt, und mit den gekreuzigten Völkern der Welt, wird unser Leiden verwandelt und wir haben Teil an Gottes Werk der Abrüstung und Erlösung. Der Fall des Imperiums ist sicher, weil das österliche Geheimnis der Weg zu Frieden und Gerechtigkeit ist.

10. Spiritualität der Hoffnung

Schließlich: Eine Spiritualität des Widerstandes ist eine Spiritualität der Hoffnung und der Auferstehung. Hofft, verliert nicht den Mut! Behaltet die Hoffnung, pflegt die Hoffnung! Das heißt so viel wie: Bleibt dabei, hoffnungsvolle Dinge zu tun. Macht euch zur Auferstehung bereit, praktiziert Auferstehung!

Wie sollen wir das tun? Der große Trappistenmönch Thomas Merton gab 1960 einem jungen Friedensaktivisten einige sehr gute Ratschläge. Er sagte: „Setzt eure Hoffnung nicht auf Ergebnisse. Tut das Gute, weil es gut ist!" Setzt eure Hoffnung nicht auf Ergebnisse oder Erfolge, sondern auf den Gott des Friedens. Das Ergebnis ist bei ihm in besseren Händen als bei euch, es sind Gottes Hände. Das ist eine alte Lehre. Wir geben unser Leben für Gerechtigkeit und Frieden hin und machen uns über die Ergebnisse keine Sorgen. Wir lieben alle, setzen dem Imperium Widerstand entgegen und legen unsere Leben und unsere Arbeit in Gottes Hände. Das bedeutet: Wir erkennen an, dass alles das Gottes Werk ist.

Also hütet euch davor, sofortige Ergebnisse und Erfolg erzwingen zu wollen! Das ist die Sprache des Imperiums, des Pentagon. Es ist nicht unsere Art. Wir sind Diener des Gottes des Friedens, tun Gottes Willen und lassen Gott die Ergebnisse vollenden, auch wenn wir unser Leben in Liebe zur leidenden Menschheit und für Gottes Königreich der Gerechtigkeit und des Friedens hingeben. Unsere Hoffnung setzen wir auf Gott. Jesus sagt: Lasst euer Leben gute Früchte tragen! Das ist ein sehr gewaltfreies Bild!

Es ist umgekehrt proportional: Je mehr wir die Kontrolle übernehmen und alles selbst tun, umso weniger geschieht. Je mehr wir den Dingen ihren Lauf lassen, etwas wagen, im Glauben vorwärtsschreiten und dem Imperium Widerstand entgegensetzen, umso mehr geschieht. Wagt also etwas, vertraut auf Gott und setzt eure Hoffnung auf Gott.

Mein Freund, der Historiker Howard Zinn, sagte: Alle großen Bewegungen für sozialen Wandel in den USA – von den Abolitionisten, Suffragetten, Arbeiter- und Bürgerrechtsbewegungen bis zur Anti-Kriegs-Bewegung – waren aussichtslos. Vom Anfang an bis ganz ans Ende waren sie aussichtslos. Aus-sichts-los! Ich fand das sehr tröstlich. Dann hatte es plötzlich einen Durchbruch gegeben. Wie war das gekommen? Das Entscheidende war, dass die Menschen nicht aufgaben, auch wenn es scheinbar keine Chance dafür gab, dass sich etwas verändern würde. Ganz normale Menschen nahmen täglich immer weiter kleine Handlungen für Frieden und Gerechtigkeit vor und mit der Zeit summierten sich diese kleinen Dinge zu etwas Großem. Sie haben nie aufgegeben und das hat die Welt verändert.

Howard Zinn sagte: In der Geschichte ist das, was die Machthaber am meisten fürchten, eine Bewegung, die nicht weicht. Unsere Aufgabe ist es also, nicht aufzugeben, nicht zu weichen, nicht nachzugeben, nicht den Mut zu verlieren, sondern weiterhin eine neue Welt von Frieden, Gerechtigkeit und Gewaltfreiheit anzustreben.

Dr. King und Gandhi gerieten in ihren letzten Monaten in Verzweiflung. King kämpfte um Hoffnung und sprach davon. Einige Wochen, bevor er getötet wurde, formulierte er zum ersten Mal: „Hoffnung ist die endgültige Weigerung aufzugeben." Ich denke, das ist sehr wichtig. Es steht im Mittelpunkt des spirituellen Lebens. Und so ist es auch mit uns: Wir weigern uns aufzugeben.

Erinnert euch: Der Vietnam-Krieg wurde beendet, Nixon trat zurück, Somoza floh, *People Power* vertrieb Marcos von den Philippinen, die Berliner Mauer fiel, der Kommunismus fiel, die UdSSR brach zusammen, der Krieg in El Salvador endete und Mandela wurde aus dem Gefängnis entlassen und wurde Präsident. Fünfundachtzig gewaltfreie Revolutionen fanden in den letzten 25 Jahren statt. Vor kurzem floh Mubarak aus Kairo. Auch die Besatzung kann enden, Nuklearwaffen können abgeschafft werden und der Hunger in der Welt kann ein Ende finden. Das Imperium wird fallen. Die eigentliche Frage ist, ob es gewaltsam oder gewaltfrei fallen wird. Wir tun, was wir können, um dazu beizutragen, dass es gewaltfrei fällt, denn dann werden weniger Menschen verletzt.

Darum rufe ich euch auf: Richtet euren Blick auf den auferstandenen Jesus, um das zu fördern, was euch Hoffnung gibt, um Hoffnungsvolles zu tun, um die Vision einer neuen Welt der Gewaltfreiheit aufzurichten und voller Hoffnung weiterzumachen.

Auf diesem Weg, auf diesem Sabeel des Lebens werden wir lernen, welche Dinge zum Frieden führen und werden sie tun. Wir werden eine Spiritualität des gewaltfreien Widerstandes leben, das Imperium herausfordern, dem Gott des Friedens treu sein, das hereinbrechende Friedensreich Gottes in Gerechtigkeit verkünden und zu dem werden, was wir schon sind: zu geliebten Söhnen und Töchtern des Gottes des Friedens, zu Gottes gesegneten Friedensstiftern. Amen.

Keinen Menschen
mehr verletzen!

Für Martin Richard,
der beim *Boston Marathon bombing* starb[6]

Die letzte Woche stellt eine Wende in unserer Welt der Gewalt dar. Dutzende Menschen wurden im Irak durch eine Explosion getötet, Drohnen-Angriffe der USA in Afghanistan, fortgesetzte, von den USA unterstützte Besetzung Palästinas, Zwangsernährung der Gefangenen der USA in Guantanamo. Unser Präsident sieht täglich seine Mord-Liste durch, Millionen Kinder verhungern in der Welt, weitere Vorbereitungen der USA auf einen Atomkrieg, fortgesetzte Ausbeutung der Erde und ihrer Geschöpfe, Schießereien in den Städten, fünfzehn Tote bei einer Brandexplosion in Texas – und dann der Bombenanschlag auf den Boston Marathon.

Ich war letzte Woche in Ontario in Kanada und hielt dort Vorträge über Gewaltfreiheit, sodass ich die Nachrichten aus Boston nicht verfolgen konnte. Aber ich hielt plötzlich inne, als ich das herzzerreißende Foto des achtjährigen Bombenopfers Martin Richard aus Dorchester sah.[7] Er starb, als er letzten Montag mit seiner Familie an der Ziellinie stand.

Auf dem Foto lächelt Martin und hält ein von ihm selbst gemaltes Plakat mit zwei roten Herzen und einem Friedenszeichen in die Kamera. Darauf ist zu lesen: „Niemandem mehr wehtun. Frieden." Das Plakat hat er in der Schule als

---

[6] Zuerst in: www.huffingtonpost.com/john-dear/no-more-hurting-people_b_3131698.html und www.upaya.org/news/2013/04/22/no-more-hurting-people-by-father-john-dear/ (22. April 2013).

[7] Vgl. mit Abbildung: Eric Randall, *The Story Behind Martin Richard's Peace Sign*, in: Boston Magazine, 30.04.2013. https://www.bostonmagazine.com/news/2013/04/30/the-story-behind-martin-richards-peace-sign/

Reaktion auf die Erschießung von Trayvon Martin [1995-2012] in Florida gemalt.

Nie mehr Menschen wehtun! Für mich ist das die Stimme Gottes, die zu uns allen spricht. Es ist der Schrei der Kinder der Welt. Es ist die Botschaft Jesu und Buddhas, die uns durch die Jahrtausende übermittelt worden ist.

Nie mehrMenschen wehtun! Das sollte unsere Leitlinie, unser Mantra, unsere Gemeinschaftsweisheit, unser Titelsong, unser einziges Thema, unser Ziel, unsere Politik, unsere Quintessenz sein.

Nie mehr Menschen wehtun! Genau das ist die Grundlage für eine neue Außenpolitik, für Religion und für alle Politik von jetzt an.

Das Foto des kleinen Martin hätte auf der Titelseite von *Time* und *The New York Times* sein sollen, aber ich bin sicher, dass die Medien es nicht wollten, weil es tatsächlich zu ernst und zu machtvoll ist. Sicherlich, es ist süß und rührend, aber es läuft in Gegenrichtung zu dem, was unsere Regierung tut – mit ihrem Militär, ihren Kriegen und ihrer gewalttätigen Politik, die so viele Menschen verletzen. Und was die Medien angeht: Gewalt lässt sich gut verkaufen. Frieden nicht. Wir können die Menschen nicht mit dem Foto von einem inzwischen toten Kind aufrütteln, das zum Frieden aufruft. Es könnte ja sein, dass sie etwas für den Frieden tun!

Ich denke, Martin Richard war intelligenter als alle die Experten, Politiker, Veranstalter von Kriegen und ihre Geistlichen zusammengenommen. Seine Weisheit und seine Botschaft stehen im Zentrum von Wahrheit und Wirklichkeit. Ich höre ihn sagen: „Anderen wehtun funktioniert nicht. Man erntet, was man gesät hat. Gewalt als Reaktion auf Gewalt führt nur zu weiterer Gewalt. Jede Gewalt ist Terrorismus. Krieg führt niemals zum Frieden. Die vom Schwert leben, werden durch das Schwert sterben. Vorbereitung auf einen Einsatz von Atombomben ist die äußerste Form des Terrorismus. Wir müssen mit unserer terroristischen Kriegsführung aufhören. Die Zeit, anderen wehzutun, ist vorbei. Lasst uns alle in Frieden leben."

In den letzten Jahrzehnten bombardieren die USA Kinder in aller Welt, von Vietnam und Nikaragua bis El Salvador und Kolumbien, von Irak und Afghanistan bis hin zum Jemen und Pakistan. Die Gewalt, die wir in der Welt verbreiten, wird auf uns zurückfallen, das muss auch so sein. Ich staune, dass es hier in den USA nicht mehr terroristische Bombenanschläge gibt.

Es wäre komisch, wenn es nicht so traurig wäre, wenn unsere Experten und Politiker fragten: „Warum sollte uns irgendjemand so etwas antun?" Wir sind so blind und naiv dem Terrorismus gegenüber, den wir Amerikaner den Kindern der Welt antun, ganz zu schweigen von dem Terrorismus, den wir mit unseren Drohnen und Kernwaffen vorbereiten. Diese Tod bringenden Vorbereitungen werden keineswegs übersehen. Wir reizen Millionen Menschen zum Hass auf uns. Es ist unvermeidlich, dass einige von ihnen vor Hass wahnsinnig werden und Selbstmordattentate begehen.

Bei meinem jüngsten Besuch in Afghanistan habe ich viele Geschichten darüber gehört, wie unsere Drohnen und Bomben geliebte Menschen getötet haben. Angesichts dieser amerikanischen Bombenangriffe würden wir uns wohl alle den Taliban anschließen. Die Frage ist: Warum hasst uns nicht die ganze Welt und will uns töten? Das ist das Vermächtnis von Jahrzehnten Kriegsführung, Bombardieren, terroristischen Anschlägen und nuklearen Bedrohungen.

Wenn wir in unserem Land keine Bombenanschläge mehr haben wollen, dann hören wir besser damit auf, Menschen im Ausland zu bombardieren.

Wenn wir unsere typisch amerikanische Gewalt und Kriegsführung rechtfertigen, warum sollten sich nicht Millionen unserer Opfer gerechtfertigt fühlen, gegen uns Gewalt anzuwenden? So geht die alte „Auge-um-Auge" und „Zahn-um-Zahn" Politik, von der Gandhi sagt, dass sie uns alle blind und zahnlos, arm- und beinlos und vielleicht einfach tot zurücklässt. Wir sollten Martins Rat beherzigen und Gewaltfreiheit praktizieren. Ein Ende dem Töten. Alle Konflikte gewaltfrei lösen. In Frieden leben.

Die letzten Tage habe ich über Martin Richards Hinweisschild gesessen. Es hilft mir beim Trauern und gibt mir Hoffnung. Sein Schild weist uns in die richtige Richtung der Gewaltfreiheit, in Richtung einer neuen Welt des Friedens. Anscheinend wusste er, dass Gewaltfreiheit das einzige Heilmittel gegen den Wahnsinn des globalen Terrorismus ist, den wir auf uns selbst losgelassen haben.

Wie wäre es, wenn wir auf Martin Richards Appell hörten? Wäre es nicht die beste Art, den Tod dieses geheiligten Kindes zu ehren, wenn wir seine Friedensbotschaft hörten und täten, was wir können, um die Verletzung Einzelner und ganzer Nationen zu beenden?

Wie können wir dazu beitragen zu verhindern, dass anderen Menschen Gewalt und Tod zugefügt wird? Das ist für mich die große Forderung des Lebens an uns in unserer Zeit.

Zuerst einmal müssen wir unser eigenes Leben überprüfen und uns fragen: Wen haben wir verletzt und wen verletzen wir zurzeit? Wie können wir damit aufhören? Wenn wir herausgefunden haben, dass wir einen Menschen verletzen, müssen wir sofort etwas unternehmen, um damit aufzuhören, wir müssen uns bei ihnen entschuldigen und ihnen bei der Heilung helfen.

Als Nächstes müssen wir unsere Gemeinschaften und Orte untersuchen, zu denen wir gehören, und uns dieselben Fragen stellen.

Wen verletzen wir kollektiv und wie können wir damit aufhören? In der Schule, in unseren Religionsgemeinschaften, am Arbeitsplatz, in unseren Städten: Was tun wir persönlich dazu, die kollektive Gewalt, die einige auf andere ausüben, zu stützen, und was können wir tun, um diese Gewalt zu beenden?

Schließlich können wir fragen, welche Menschen verletzen wir als Nation und wie können wir unsere Nation davon abhalten, andere zu verletzen? Für uns Amerikaner ist die Liste lang. Wenn wir dieses Kind des Friedens ernst nehmen würden, müssten wir sofort alle Soldaten aus Afghanistan abziehen, wir müssten die Menschen in Afghanistan und dem Irak entschädigen, unser Drohnenprogramm anhalten, jetzt Guantanamo schließen, eine strenge Waffengesetzgebung erlassen, die Todesstrafe abschaffen, unsere Kernwaffen, Trident-Unterseeboote und Kampfbomber abrüsten, den verhungernden Armen in der Welt zu essen geben und gewaltlose Konfliktlösungsprogramme in aller Welt finanzieren, sodass am Ende alle gewaltfrei werden.

Diese Vision von Gewaltfreiheit ist kein Hirngespinst, sondern es ist die Botschaft des Buddhismus, des Christentums, aller spirituellen Traditionen und aller Friedensstifter. Es ist die Botschaft von Mahatma Gandhi, Dr. Martin Luther King Jr., Dorothy Day, Rabbi Abraham Heschel, Abdul Gaffar Kahn, Adolfo Perez Esquivel, Mairead Maguire, Oscar Romero, Muriel Lester, Papst Johannes XXIII., Leymah Gbowee, Aung San Sui Kyi, Erzbischof Tutu, Thich Nhat Hanh und dem Dalai Lama. Der kleine Martin hält nur die Sehnsüchte aller unserer großen Friedensstifter hoch.

Sie fordern eine Außenpolitik, die sich auf die Grundrechte von Kindern gründet. Sie bestehen darauf, dass die Rechte aller Kinder auf dem Planeten Vorrang vor allen National-, Unternehmens- und Militärinteressen haben. Diese Art Außenpolitik fordert, dass kein Kind jemals mehr verletzt wird. Es gibt keinen Grund, um den Tod auch nur eines einzigen Kindes zu verursachen. Da die Gefahr, ein Kind zu verletzen, zu groß ist, finanzieren und betreiben wir die Abschaffung von Armut, Hunger, Krieg, Kernwaffen und zerstörerischen Unternehmensstrategien.

Krieg und Waffen ist es nicht gelungen, Frieden zu schaffen, das wird uns jetzt klar. Wir haben auch die Erfahrung gemacht, dass es dort funktioniert hat, wo durch Diplomatie, Dialog, Sanktionen und Verhandlungen kreative Gewaltfreiheit erprobt wurde. Wenn wir Billionen Dollar nicht für Kriege und Waffen ausgeben würden, sondern für gewaltfreie Verteidigungssysteme, die sich auf die Bürger stützen, gewaltfreie internationale Friedens-Teams, gewaltfreie Intervention, Diplomatie, Dialog und gewaltfreie Reaktionen auf Terrorismus, können die Menschen in Frieden leben. Wenn wir mit *unseren* terroristischen Angriffen aufhören (z. B. die Drohnenüberfälle) und die Verteilung von Nahrungsmitteln und Trinkwasser in der ganzen Welt finanzieren, dazu kostenlose Gesundheitsfürsorge, Sozialwohnungen und Schulen, könnten wir nicht nur die Welt gewinnen und den Terrorismus beenden, sondern wir könnten Krieg und Armut abschaffen. Damit würden wir unsere Welt für unsere Kinder sicherer machen.

„Die Menschheit muss dem Krieg ein Ende setzen oder der Krieg wird der Menschheit ein Ende setzen", predigte Dr. King in der National Cathedral ein paar Tage vor seiner Ermordung. „Wir haben keine Wahl mehr zwischen Gewalt und Gewaltfreiheit, meine Freunde. Entweder Gewaltfreiheit oder Nichtexistenz. Die Alternative zu Abrüstung, die Alternative zur Einstellung der Atomversuche, die Alternative zur Stärkung der Vereinten Nationen und auf diese Weise der Abrüstung der ganzen Welt kann durchaus ein Inferno sein, das sich nicht einmal Dante hätte vorstellen können."

„Die Menschheit kann allein durch Gewaltfreiheit aus der Gewalt entkommen", hat Gandhi geschrieben. „Hass kann allein durch Liebe überwunden werden. Gegenhass vergrößert nur sowohl Oberfläche als auch Tiefe des Hasses. Wir dürfen Wahrheit und Gewaltfreiheit nicht zu einer rein individuellen Praxis machen, sondern wir müssen sie zu einer Praxis von Gruppen, Gemeinschaften und Nationen machen. Jedenfalls ist das mein Traum."

Ich spreche der Familie Richard und allen Opfern der Gewalt mein Beileid aus, und gleichzeitig gratuliere ich der Familie Richard dazu, dass sie Martin zum Friedensstifter erzogen hat. In seinem kurzen Leben zeigt er uns allen einen Weg nach vorn.

Um Martin Richards, Martin Kings, Mahatma Gandhis und aller Opfer von Gewalt willen: Lasst uns unseren Teil dazu tun, den Traum von Gewaltfreiheit wahr zu machen, indem wir niemanden mehr verletzen und der Politik, den Strukturen, den Institutionen und dem System ein Ende bereiten, die Menschen verletzen.

Das bedeutet, dass wir alle uns erneut einbringen müssen, dass wir Aktivisten, Organisatoren und Fußsoldaten der weltweiten Bewegung der Gewaltfreiheit werden müssen und tun, was wir können, damit die Kinder der Welt eines Tages in Frieden leben können.

Martin Luther King Jr. im Jahr 1964,
Foto: Dick DeMarsico, Library of Congress
commons.wikimedia.org

Ungehorsame Jünger Jesu. Über zivilen Ungehorsam und Nachfolge

1993 gingen Philip Berrigan, zwei Freunde und ich auf dem Militärflugplatz Seymour Johnson in der Nähe von Goldsboro in North Carolina an Tausenden von Soldaten vorbei zu einem der 75 atomwaffenfähigen Jagdbomber F15, die dort in Bereitschaft standen, Bosnien zu bombardieren. Wir vier hämmerten auf den Bomber ein. Wir versuchten Jesajas Gebot zu erfüllen, „Pflugscharen aus Schwertern zu schmieden". Wir wurden verhaftet, wegen zweier Kapitalverbrechen angeklagt und sahen einer 20-jährigen Gefängnisstrafe entgegen. Ich saß neun Monate im Gefängnis und stand eineinhalb Jahre unter Hausarrest. Bis heute werde ich sorgfältig von der Regierung überwacht, darf nicht wählen, darf keine Gefangenen besuchen und darf nicht in bestimmte Länder ausreisen. Insgesamt wurde ich etwa 75-mal bei Handlungen von zivilem Ungehorsam gegen Krieg, Ungerechtigkeit und Nuklearwaffen verhaftet.

Ein paar Jahre nachdem ich aus dem Gefängnis freigelassen worden war, stellte mich ein von mir bewunderter charismatischer junger Priester zur Rede. Damals leitete ich ein Gemeindezentrum für entrechtete Frauen und Kinder in der Innenstadt von Richmond in Virginia. Der junge Priester fragte mich: „Sind Sie verrückt? Sagen Sie mir die Wahrheit: Warum haben Sie das getan?"

Ich hätte ihm erklären können, wie alle großen Bewegungen in unserer Geschichte, von den Abolitionisten[8] bis zu den

---

[8] [Anhänger des Abolitionismus (von englisch *abolition* ‚Abschaffung', ‚Aufhebung'): Bewegung zur Abschaffung der Sklaverei.]

Suffragetten[9], der Arbeiterbewegung, der Bürgerrechtsbewegung und der Anti-Vietnamkriegs-Bewegung, ihren Durchbruch dadurch erzielten, dass gute Bürger schlechte Gesetze gebrochen und die Folgen akzeptiert haben.

Ich hätte von Dr. Kings *Brief aus dem Gefängnis von Birmingham*[10] erzählen können, in dem er uns drängt, gerechten Gesetzen zu gehorchen und ungerechte Gesetze zu missachten. Ich hätte auf das Völkerrecht und die Nürnberger Prinzipien[11] darin verweisen können, wie ich es in vielen Gerichtssälen und vor vielen Richtern getan habe. Bei dieser Gelegenheit hatte ich dann erklärt, dass es unsere Pflicht sei, gegen Regierungen Widerstand zu leisten und Gesetze zu brechen, wenn diese Massenmord oder Vorbereitungen von Massenmord legalisierten, wie unsere Regierung es tut, indem sie ein illegales Kernwaffenarsenal betreibt.

Stattdessen sagte ich nur: „Ich versuche, Jesus zu folgen. Jesus war gewaltfrei und praktizierte zivilen Ungehorsam. Dafür wurde er dann gefangen genommen, ins Gefängnis geworfen und schließlich hingerichtet. Ich soll sein Jünger sein, und in dieser Welt vollkommener Gewalt, in einer Welt voller Ungerechtigkeit, Armut, Krieg und Kernwaffen, scheint es mir unvermeidlich zu sein, dass auch ich mich beim gewaltfreien zivilen Ungehorsam engagiere. Die meisten Heiligen und Märtyrer wurden gefangen genommen und ins Gefängnis geworfen – bis hin zu Dr. King, Dorothy Day, Erzbischof Tutu und den Brüdern Berrigan. Man wird uns wahrscheinlich nicht töten, aber man wird uns sicherlich ge-

---

[9] [Als Suffragetten (von englisch/französisch *suffrage* ‚Wahl') bezeichnete man Anfang des 20. Jahrhunderts (vor allem 1903–1928) mehr oder weniger organisierte Frauenrechtlerinnen in Großbritannien und den Vereinigten Staaten (hier war die selbstgewählte Bezeichnung eigentlich *suffragist*), die vor allem mit passivem Widerstand, Störungen offizieller Veranstaltungen bis hin zu Hungerstreiks für das allgemeine Frauenwahlrecht eintraten. Wikipedia.org]

[10] [Umstände der Abfassung und Wortlaut des Briefes sind zu finden unter: www.lebenshaus-alb.de/magazin/002863.html#axzz2fjWRzlY1]

fangen nehmen und ins Gefängnis werfen, wenn wir für Gerechtigkeit und Frieden arbeiten und gegen Krieg und Herrschaftssystem Widerstand leisten. Die Hauptsache aber ist: Ich will weiterhin Jesus auf dem ganzen Weg bis hin zum Kreuz nachfolgen."

Mein Freund sah mich starr vor Staunen an. Der Mund blieb ihm offenstehen. Er war sprachlos. Schließlich flüsterte er nur noch: „Schon gut!" und ging seiner Wege.

Ziviler Ungehorsam in einer Welt vollkommener Gewalt, einer Welt voller Ungerechtigkeit, Armut, Krieg und Kernwaffen, ist für mich eine Möglichkeit, dem gewaltfreien, zivilungehorsamen Jesus zu folgen. Ich stimme Gandhi zu, dem großartigen Praktiker des zivilen Ungehorsams, der gesagt hat, Jesus habe vollkommene Gewaltfreiheit praktiziert, er sei der großartigste gewaltfreie Widerstandskämpfer in der Geschichte gewesen und er habe sich immer wieder auf Handlungen des zivilen Ungehorsams eingelassen.

Vor zwanzig Jahren habe ich ein Buch mit dem Titel *The Sacrament of Civil Disobedience*[12] veröffentlicht, in dem ich Theorie, Praxis und Theologie des zivilen Ungehorsams sorgfältig untersucht habe. Ich habe den zivilen Ungehorsam in den jüdischen und in den christlichen heiligen Schriften, in der Geschichte der USA und im Leben unserer großen Lehrer, darunter Gandhi, King, Day und die Brüder Berrigan, in allen Einzelheiten untersucht: Wie bereitet man sich auf zivilen Ungehorsam vor? Was hat man von Verhaftung, Prozess und Gefängnis zu erwarten usw.? Ich habe auch viele meiner eigenen irritierenden Erfahrungen mitgeteilt, von der ersten Verhaftung 1984 am Pentagon bis zur Verhaftung auf Militärbasen überall im Land (*West Point*, die *SAC Base, Livermore Labs* und *Concord Naval Weapons Station, Trident Base in Florida*, das Testgelände in Nevada, um nur einige zu nennen).

---

[12] [Auszug im Internet: http://johndear.org/pdfs/jesus_and_civil_disobedience.pdf]

Ich erinnere mich, dass ich bei der Betrachtung von Geschichte, Theorie und Praxis des zivilen Ungehorsams immer wieder auf Jesus und die Frage unserer Jüngerschaft zurückgekommen bin. Jahrelang fragten meine Freunde und ich einander: Was bedeutet es, sein Kreuz auf sich zu nehmen und Jesus zu folgen? Wir kamen zu dem Schluss, dass das Kreuz der gewaltfreie Widerstand gegen die Kriegskultur und das Herrschaftssystem sei. Das Kreuz bestand in dem, was der Staat seinem Wesen nach in aller Öffentlichkeit tun musste, um unseren gewaltfreien zivilen Ungehorsam gegen Krieg und Herrschaftssystem zu verfolgen.

Ich kam zu dem Schluss, dass Jesus während seines öffentlichen Auftretens jeden Tag zivilen Ungehorsam begangen hat, dass fast alles, was er tat, illegal war, dass sein bloßes gewaltfreies Vorhandensein eine Bedrohung des Herrschaftssystems war. Ich habe einmal scherzhaft formuliert, Jesus sei „eine Ein-Mann-Welle der Kriminalität" gewesen, wenn er durch das Römische Imperium wanderte. Er war tatsächlich noch bedrohlicher, denn er war der Organisator einer Bewegung und baute eine Gemeinde und eine Bewegung armer Leute auf, die gegen das Herrschaftssystem und das ungerechte religiöse System, das das Herrschaftssystem im Namen Gottes unterstützte, Widerstand leisten sollte.

Als ich daraufhin die Evangelien noch einmal genauer las, entdeckte ich fast ein Dutzend Arten zivilen Ungehorsams, die Jesus geleistet hatte: Dazu gehören auch seine prophetische Ankündigung des Kommens des Imperium Gottes im Allgemeinen und seine Lesung aus dem Buch Jesaja in der Synagoge in Nazareth im Besonderen, beides waren subversive Wahrheiten, die das damalige Herrschaftssystem bedrohten. Er handelte zivil-ungehorsam, wenn er Leprakranke berührte und heilte, von denen man dachte, sie seien eine Bedrohung der Gesundheit aller, wenn er mit „ausgemachten Sündern", aus der Gesellschaft Ausgestoßenen und an den Rand Gedrängten, gemeinsam aß und sich mit ihnen einließ, wenn er wiederholt die Sabbat-Gesetze, die Reinheitsgesetze und Essvorschriften brach, wenn er „feindliche" Gebiete besuchte und sich mit dem Feind (z. B. den Samaritern) und mit gewalttätigen Revolutionären (den Zeloten) einließ, wenn er symbolische Handlungen ausführte und Straßentheater machte (er ritt auf einem Esel in Jerusalem ein und erfüllte damit, was Sacharja 9,9 über das Kommen des Friedenskönigs schreibt, der den Krieg für immer beenden wird) und wenn er Menschen anstiftete, keine Steuern zu zahlen (eines der „Kapitalverbrechen", für das er mit dem Tode bestraft wurde).

Der Höhepunkt seines öffentlichen Auftretens – ja sogar seines Lebens – war sein gewaltfreier ziviler Ungehorsam im Tempel, als er dort die Tische der Geldwechsler umstieß und Menschen daran hinderte, am gewinnbringenden großen Geschäft der organisierten Religion teilzuhaben. Alle synoptischen Evangelien erzählen dieselbe Grundhandlung: Jesus ging in einer Kampagne der Gewaltfreiheit von Galiläa nach Jerusalem, so wie Gandhi zum Meer und Dr. King von Selma nach Montgomery marschierte. Jesus betrat den Tempel, dessen religiöse Bedienstete mit dem Römischen Imperium zusammenarbeiteten. Diese zwangen die Gläubigen, eine hohe Summe zu zahlen, um Gott besuchen zu dürfen. Dort unternahm Jesus eine gewaltfreie direkte Aktion. Er schlug niemanden, verletzte niemanden, tötete niemanden und warf erst recht keine Bomben – trotzdem war er durchaus nicht passiv. Er war aktiv, provokativ, gefährlich, illegal und zivilungehorsam, ein Friedensstörer, ein Unruhestifter, ein gewaltfreier Revolutionär, der die ungerechten Gesetze und Sitten einer ungerechten Gesellschaft brach.

Wir erheben den Anspruch, diesem Jesus zu folgen!

Das viele Jahre später geschriebene Johannesevangelium schildert Jesu zivilen Ungehorsam im Tempel gleich zu Beginn seiner Geschichte (gleich nach der Hochzeit von Kana). Dort heißt es, dass er eine „Geißel aus Stricken" machte und alle aus dem Tempel hinaustrieb. Das ist die einzige Stelle in der ganzen Bibel, an der dieses besondere, finstere griechische Wort genannt wird. Es war eine besondere Art Strick, der dazu diente, die Tausende von Schafen, Rindern und von anderen Tieren in den riesigen Tempelbau zu treiben. Er nahm diesen Strick und führte die Tiere wieder aus dem Tempel hinaus. Fünfzehnhundert Jahre später malte El Greco Jesus, wie er die Menschen mit einer sechs Meter langen Geißel schlug. Ich lese den Text auf ganz und gar andere Weise! Wenn schon, dann rettete Jesus immerhin den Tieren das Leben. Aber der wahre Grund dafür, dass Johannes die Geschichte an den Anfang seines Evangeliums stellt, ist die Anspielung auf die Auferstehung: „Reißt diesen Tempel nieder, in drei Tagen werde ich ihn wieder aufrichten", sagt Jesus und meint damit sich selbst.

Die Synoptiker verdeutlichen, dass Jesu abschließender ziviler Ungehorsam im Tempel ein paar Tage später zu seiner Verhaftung und dann zu seiner Einkerkerung, seinem Prozess und seiner brutalen Hinrichtung geführt hat. Das ist eine große Anfechtung für jeden, der ernsthaft wünscht, Jesus zu folgen. Sind wir bereit, unser Leben für den Widerstand gegen das Herrschaftssystem, gegen Ungerechtigkeit und Unterdrückung der Armen einzusetzen? Wie ernst ist es uns mit unserem Wunsch, Jesus bis ans Kreuz nachzufolgen?

Schließlich stellt sich heraus, dass noch eine weitere abschließende Handlung des zivilen Ungehorsams kommen sollte: die Auferstehung!

Die Auferstehung ist die größte Tat des zivilen Ungehorsams in der gesamten Menschheitsgeschichte.

Daniel Berrigan hat einmal gesagt: Ebenso wie die Kreuzigung Jesu vollkommen legal war, so war die Auferstehung Jesu vollkommen illegal. Das Matthäusevangelium betont dies: Die römischen Behörden stellten Wachen an Jesu Grab auf, die dort das kaiserliche Siegel anbrachten. Daniel Berrigan drückt die Bedeutung des Siegels so aus: „Wir haben dich getötet und ins Grab gelegt und jetzt bist du tot! Bleibe dort!"

Aber Jesus ersteht von den Toten auf, zerbricht das kaiserliche Siegel und bricht tatsächlich das Gesetz, das besagt: „Wenn du erst einmal tot bist, bist du tot." Seine Auferstehung ist die vollkommene gewaltfreie Revolution und ändert alles.

Bis auf den heutigen Tag ist der auferstandene Jesus im Großen und Ganzen weiterhin unterwegs und baut seine Untergrundbewegung der Gewaltfreiheit auf, die sich zur Abschaffung von Krieg, Armut, Herrschaftssystem und nuklearen Waffen organisiert, und zur Ankunft der gewaltfreien Herrschaft Gottes.

Überall, wo Menschen gegen Ungerechtigkeit Widerstand leisten und ihr Leben für Gerechtigkeit und Frieden einsetzen, ist Jesus anwesend.

Ich habe viel über meine eigenen Erfahrungen mit dem zivilen Ungehorsam geschrieben, darunter mein Gefängnis-Tagebuch *Peace Behind Bars*[13]. Ich bin grundsätzlich daran interessiert, Jesu Gewaltfreiheit zu praktizieren, seine Herrschaft und seine Art, Gewaltfreiheit anzuwenden, zu verkünden und jedes gewaltfreie Mittel zu erproben, das dazu beitragen kann, Krieg, Armut und Kernwaffen ein Ende zu setzen. Das heißt, ich schreibe, spreche, betreibe Lobby-Arbeit, predige, organisiere, marschiere, bete, faste und überschreite gelegentlich die Grenze. Alles das gehört für mich zur heutigen, zur postmodernen Jüngerschaft.

Für Christen bedeutet Arbeit für Frieden und Gerechtigkeit und also der Widerstand gegen Krieg und Ungerechtigkeit früher oder später, an Jesu Gewaltfreiheit und zivilem Ungehorsam teilzuhaben.

Ich erinnere mich an das, was mir meine Freundin Schwester Joan Chittister ins Gefängnis schrieb: „Ich denke, du zeigst uns, dass die einzige Möglichkeit der Herstellung von Frieden, Gerechtigkeit und sozialem Wandel in unserer Teilhabe am Ostermysterium Jesu liegt." Amen, Schwester.

---

[13] [Erschienen 1995; erhältlich bei Sheed & Ward/Rowman & Littlefield.]

Das ist eine harte Lehre, aber eine hilfreiche Mahnung. Wenn wir dem gewaltfreien Jesus nachfolgen wollen, dann müssen wir die Reise von der Taufe zur Gemeinde, zum Verstehen der Bergpredigt, zur Sorge für die Bedürftigen, zur Arbeit für Gerechtigkeit, zur (Aus-)Übung von Gewaltfreiheit und schließlich – früher oder später in dieser Welt von Krieg, Herrschaftssystem und Kernwaffen – eine Reise zum Überschreiten der Grenze antreten. Wir müssen gewaltfreien Ungehorsam üben und damit Kreuz und Auferstehung wagen.

Ich kann mir keinen größeren Segen vorstellen.

Thomas Merton und die Weisheit der Gewaltfreiheit

San Diego, California – Juni 2005

Wie für euch alle, war Thomas Merton (1915-1968) einer meiner Lehrer und es ist ein Segen, über sein beispielhaftes Leben und erstaunliches Glaubenszeugnis nachzudenken.

Ich bin 45, seit fast 25 Jahren bin ich jetzt Jesuit, habe das *College* der *Duke University* besucht und entschied eines Tages, dass ich wirklich an Gott glaubte und dass ich mein ganzes Leben Gott geben wolle. Das Nächste, was ich tat, war in den Jesuitenorden einzutreten. Ich versuche immer noch, mir vorzustellen, wie es dazu kam. Bevor ich Jesuit wurde, beschloss ich, lieber erst einmal zu sehen, wo Jesus gelebt hat. Deshalb entschied ich mich für eine Wander-Pilgerreise durch Israel, um die physische Beschaffenheit des Landes zu erleben. Als ich im Juni 1982 nach Israel flog, waren israelische Truppen am selben Tag in den Libanon einmarschiert und ich wanderte nun in einem Kriegsgebiet.

Am Ende meiner zweimonatigen Pilgerschaft zeltete ich in der Nähe des Sees Gennesaret und besuchte die Kirche der Seligpreisungen. Dort las ich an den Wänden: „Selig, die arm sind, die Trauernden, die Sanftmütigen, die nach Gerechtigkeit hungern und dürsten, die Barmherzigen, die ein reines Herz haben, die Frieden stiften, die um der Gerechtigkeit willen verfolgt werden und ihre Feinde lieben". Ich war frappiert. Ich ging auf die Aussichtsplattform hinaus, sah über den See Gennesaret und fragte laut: „Willst du mir etwas sagen? Gut, ich verspreche hier und jetzt, der Bergpredigt mein

Leben zu widmen, Frieden und Gerechtigkeit zu fördern, und zwar unter einer Bedingung: dass du mir ein Zeichen gibst." Gerade in dem Augenblick fielen einige israelische Jets vom Himmel, durchbrachen die Schallmauer, kamen direkt auf mich zu und ließen ein paarmal Überschallknall ertönen. Nachdem sie über mich weggeflogen waren, blickte ich gestärkt zu Gottes Himmel auf und gelobte, nach der Bergpredigt zu leben und nie wieder ein Zeichen zu erbitten.

Als ich drei Wochen danach dem Jesuitenorden beitrat, empfand ich den brennenden Wunsch, für Frieden und Gerechtigkeit zu leben. Ich begann die Schriften der großen Friedensstifter – Gandhis, Dr. Kings, Dorothy Days, der Brüder Berrigan – zu studieren, und gleich vom ersten Tag an die Schriften Thomas Mertons. Wie ihr lese ich Merton seitdem immer wieder. Ich denke, ich habe alles gelesen, was er veröffentlicht hat, und ich bin erstaunt, wie er immer wieder zu mir spricht. Im Gegensatz zur [öffentlich vorherrschenden] Kultur, zum Fernsehen, zum Präsidenten, ja selbst zur ganzen Welt bleibt Merton eine Stimme des gesunden Menschenverstandes, des Glaubens, der Klarheit und der Hoffnung und ich kann seine Schriften gar nicht mehr aus der Hand legen.

Ich weiß nicht, ob ihr gehört habt, was der große Theologe David Tracy vor Kurzem geantwortet hat, als er danach gefragt wurde, wie die Theologie der Zukunft in den USA aussehen werde. Er sagte spontan: „In den nächsten 200 Jahren werden wir versuchen, Merton einzuholen."

1989 besuchte ich zum ersten Mal die Abtei von Gethsemani in Kentucky und freundete mich mit Bruder Patrick Hart an. Als ich später fast ein Jahr lang wegen einer Pflugschar-Abrüstungs-Aktion im Gefängnis war, schrieb mir Bruder Patrick, dass Gethsemani mich unterstützen wolle und er bot mir an, ich könne eine Weile in Mertons Klause wohnen. Das wurde zu einer der großen Erfahrungen meines Lebens. Später veröffentlichte ich das Tagebuch meiner Einkehr dort mit dem Titel *The Sound of Listening*. Ich kehrte dann noch einmal zu einem weiteren langen Aufenthalt dorthin zurück. Es war eine der größten Segnungen meines Lebens, in Mertons Klause zu leben und zu beten.

Im Laufe der Jahre hat Merton mir nicht nur bei meiner Arbeit für den Frieden geholfen, sondern mich auch im religiösen Leben und der Kirche gehalten. Denn immer, wenn ich wegen meiner Arbeit für Frieden und Gerechtigkeit in Schwierigkeiten gerate oder wenn mich Kirche oder religiöses Leben entmutigen, rufe ich mir ins Gedächtnis, in wie viele Schwierigkeiten Merton geraten ist, weil er über Krieg, Rassismus, Kernwaffen und Mönchtum geschrieben hat, wie er standhaft und gläubig geblieben ist, getan hat, was er konnte, und seine Gebete gesprochen und weitergemacht hat. Dann schöpfe ich Mut aus Mertons Leben, weil er alles mit Liebe und einem guten Herzen ertragen hat, und wir erkennen jetzt, wie sein Leben, sein Leiden und seine Treue fruchtbar geworden sind. Ich denke, wir alle können neue Kraft und neuen Mut aus ihm schöpfen, um in unserem Dienst für den Gott des Friedens weiterzumachen und treu zu sein.

Wenn ich an Mertons „*Revelation of Justice and Revolution of Love*" (das Thema unserer Tagung) und an das denke, was Merton mich gelehrt hat, komme ich wieder auf die Weisheit der Gewaltfreiheit zurück. Deshalb möchte ich fünf einfache Anregungen mitteilen, die ich von Thomas Merton bekommen habe:

Erstens: Merton lädt uns ein, kontemplative Menschen, Mystiker der Gewaltfreiheit zu werden.

Mertons ganzes Leben gründete sich auf Gebet, Kontemplation und Mystik. Er konnte nicht andere verletzen oder bombardieren oder die Welt beherrschen, sondern er konnte mit dem lebenden Gott vertraut verkehren. Meine ersten zehn Jahre als Jesuit verbrachte ich damit, dass ich betete und Gott sagte, was er tun solle; dass ich Gott anschrie, weil er die Welt nicht zu einem besseren Ort mache, bis schließlich ein weiser geistlicher Lehrer zu mir sagte: „John, das ist nicht die Art und Weise, in der wir mit jemandem sprechen, den wir lieben." Da ging mir ein Licht auf: Im Gebet geht es um eine Beziehung zu jemandem, den ich liebe, zu dem Gott der Liebe und des Friedens. Also veränderte sich mein Gebet in ein schweigendes Zuhören, ein Mit-Gott-Sein; nur darum geht es in der kontemplativen Gewaltfreiheit.

Merton wusste, dass Gebet, Kontemplation, Meditation, Anbetung und Gemeinschaft bedeuten, in die Gegenwart des Gottes des Friedens einzutreten und in der Gewaltfreiheit Jesu zu verweilen, dass, in anderen Worten, das geistliche Leben mit kontemplativer Gewaltfreiheit anfängt, dass wir alle berufen sind, Mystiker der Gewaltfreiheit zu werden.

Deshalb wenden wir uns im Gebet an den Gott des Friedens, wir treten in die Gegenwart des Einen ein, der uns liebt und der unsere Herzen und unsere innere Gewaltbereitschaft entwaffnet, uns in Menschen des Evangeliums der Gewaltfreiheit verwandelt und dann in die Mission entwaffnender Liebe und kreativer Gewaltfreiheit entsendet.

Durch kontemplative Gewaltfreiheit lernen wir, Gott unsere innere Gewaltbereitschaft und unsere Feindseligkeit zu geben, Nachsicht und Vergebung, Erbarmen und Gewaltfreiheit zu üben und uns von Zorn, Rache und Gewalt zu Mitgefühl, Erbarmen und Gewaltfreiheit zu wandeln, sodass wir als Personen *den* Frieden ausstrahlen, den wir in der Politik anstreben.

Am Ende ist, wie Merton wusste, der Frieden ein Geschenk Gottes. Wenn wir süchtig nach Gewalt sind – das lehrt uns das Zwölf-Schritte-Modell[14] –, müssen wir uns einer höheren Macht zuwenden, unsere Gewaltbereitschaft bekennen, einander in Gemeinschaften der Gewaltfreiheit unterstützen und nüchterne Menschen der Gewaltfreiheit werden.

---

[14] [Zwölf-Schritte-Programm der Anonymen Alkoholiker und anderer Gruppen im Bereich der Sucht-Selbsthilfe.]

„Der Hauptunterschied zwischen Gewalt und Gewaltfreiheit ist", schreibt Merton, „dass Gewalt ganz und gar von ihren eigenen Berechnungen abhängt. Gewaltfreiheit hängt ganz und gar von Gott und Gottes Wort ab."[15]

Wenn Jesus uns dazu aufruft, unsere Feinde zu lieben, sagt er, wir sollten das darum tun, weil Gott es tut. Gott lässt seine Sonne aufgehen über Bösen und Guten und er lässt regnen über Gerechte und Ungerechte (Mt 5,45). Gott hat mit allen Mitgefühl und das sollten auch wir haben. Das ist das Zentrum der kontemplativen Gewaltfreiheit. Dann sind wir fähig, jeden als Menschen zu sehen, Gott zu sehen und zu werden wie Gott.

Wenn wir kontemplativen Frieden wie Merton haben wollen, erfahren wir – im Gegensatz zu dem, was uns das Pentagon sagt –, dass unser Gott kein Gott des Krieges, sondern des Friedens ist, kein Gott der Ungerechtigkeit, sondern der Gott der Gerechtigkeit, kein Gott der Gewalt, sondern der Gott der Gewaltfreiheit, kein Gott des Todes, sondern der lebendige Gott des Lebens. Wir entdecken ein neues Bild von Gott, wenn wir damit beginnen, uns den Frieden und die Gewaltfreiheit Gottes vorzustellen. Wir lernen, den Gott des Friedens und der Gewaltfreiheit anzubeten, und dabei werden wir zu Menschen des Friedens und der Gewaltfreiheit.

„Unsere große Aufgabe ist der innere Wandel", schreibt Merton. „Wir alle haben die starke Pflicht, uns die dringende Notwendigkeit der Seelenreinheit klarzumachen, das heißt, die dringende Notwendigkeit, uns vom Heiligen Geist in Besitz nehmen zu lassen."

Merton sagte auf seinem Weg nach Asien zu David Stendl-Rast: „Der einzige Weg jenseits der Fallen des Katholizismus ist der Buddhismus". In anderen Worten: Jeder Katholik muss ein guter Buddhist werden, um so mitfühlend wie möglich zu werden. Er sagte: „Ich bin dabei, ein so guter Buddhist zu

---

[15] Aus: „Blessed are the meek", in *The Nonviolent Alternative*, Farrar, Straus, and Giroux, New York, 1971.

werden, wie ich nur eben kann, deshalb kann ich ein guter Katholik werden". Das ist die Weisheit von Mertons kontemplativem Leben: wie Buddhisten werden, tief mitfühlende Menschen und Menschen tief-kontemplativer Gewaltfreiheit.

Eben das entdeckte er mit seiner Erfahrung in Polonnaruwa[16], als er schrieb: „Alles ist Leere und alles ist Mitgefühl".

Genau das meinte Merton, wenn er über Gandhi schrieb: „Gandhis Gewaltfreiheit war nicht einfach eine für die Befreiung seines Volkes äußerst wirkungsvolle politische Taktik, sondern der Geist der Gewaltfreiheit entsprang einem inneren Bewusstsein geistlicher Einheit in ihm selbst. Das gesamte Konzept der gewaltfreien Aktion und der *Satyagraha* Gandhis ist nicht zu begreifen, wenn man es als Mittel zur Erreichung der Einheit und nicht als die Frucht von bereits erreichter innerer Einheit auffasst".[17]

Also ruft uns Merton dazu auf, kontemplative Menschen, Mystiker der Gewaltfreiheit und Werkzeuge des Gottes des Friedens zu werden.

Zweitens: Merton lehrt uns, Schüler und Lehrer der Gewaltfreiheit zu werden.

Merton war nicht nur ein großer Lehrer, sondern auch ein ewiger Schüler. Er studierte und lernte immer und war immer auf der Suche nach der Wahrheit. Als er daher in den 1950er Jahren Gandhi zu lesen begann und dann Friedensstifter wie Daniel Berrigan und die Leute vom Versöhnungsbund und von den *Catholic Workers* kennenlernte, wurde er zum Schüler und Lehrer des Evangeliums von der Gewaltfreiheit. Ich denke, dass wir alle das tun sollten: die heilige Weisheit der Gewaltfreiheit studieren, lernen, praktizieren und lehren.

Der Unterricht beginnt mit der Grundwahrheit: Gewalt funktioniert nicht. Krieg funktioniert nicht. Gewalt als Reaktion auf Gewalt führt immer zu weiterer Gewalt. Jesus sagt:

---

[16] [Stadt in der Nord-Zentralprovinz Sri Lankas.]
[17] Aus: *Gandhi on Nonviolence*, New Directions, New York, 1964.

„Die vom Schwert leben, werden durch das Schwert sterben. Die von der Bombe, der Schusswaffe und der Kernwaffe leben, werden durch Bomben, Schusswaffen und Kernwaffen sterben". Man erntet, was man sät. Die Mittel sind die Ziele. Was man losschickt, kommt zu einem zurück.

Krieg kann Terrorismus nicht anhalten, weil Krieg Terrorismus ist. Krieg kann nur die Samen künftiger Kriege säen. Krieg kann weder zu dauerhaftem Frieden, wahrer Sicherheit oder zu einer besseren Welt führen, noch kann er Böses überwinden oder uns lehren, wie wir menschlich sein sollen, oder – darauf besteht Merton – unser geistliches Leben vertiefen.

Hinter dieser Kultur von Krieg und Ungerechtigkeit steht eine raffinierte Spiritualität der Gewalt, eine Spiritualität des Krieges, eine Spiritualität des Herrschaftssystems und eine Spiritualität der Ungerechtigkeit, die nichts mit dem lebendigen Gott oder dem Evangelium Jesu zu tun hat. Es ist die falsche Spiritualität: Wir glauben, Gewalt rette uns, Krieg bringe Frieden, Macht schaffe Recht, Kernwaffen seien unsere einzige Sicherheit, Gott segne die Kriege; also streben wir nicht nach Vergebung und Versöhnung, sondern nach Sieg und Herrschaft, und die gute Nachricht ist nicht die Nachricht von der Liebe zu unseren Feinden, sondern die von der Vernichtung der Feinde. Das ist Häresie, Blasphemie und Götzenanbetung. Das Herrschaftssystem versucht immer, die Kirche über Sünde und Moral zu belehren und uns zu sagen, dass ein bestimmtes persönliches Verhalten sündhaft oder unmoralisch sei, während es nichts über den Mord an 130.000 Irakern in den letzten Jahren sagt, als wäre dieser Mord nicht sündhaft oder unmoralisch.

In der Atmosphäre einer Spiritualität der Gewalt weist die Kirche Jesus und die Bergpredigt als nicht praktizierbar zurück, übernimmt die Theorie des Herrschaftssystems über einen gerechten Krieg, setzt Kreuzzüge in Gang, segnet Trident-Unterseeboote und schweigt, während Los Alamos Kernwaffen ausstößt. Die Kirche genießt die Bequemlichkeiten der Kultur von Krieg und Ungerechtigkeit und nimmt nicht etwa das Kreuz der Gewaltfreiheit des Evangeliums auf sich. Wir haben eine private Beziehung zu Gott, erfüllen unsere Pflichten und sind mit dem Massenmord an unseren Schwestern und Brüdern in aller Welt einverstanden.

Das Herrschaftssystem will, dass die Kirche gleichgültig und passiv ist, damit sie gespalten ist, in ihrem Inneren kämpft und schweigt, ja es will sogar, dass sie Kriege und Ungerechtigkeit segnet.

Wenn wir die Weisheit von Frieden und Gewaltfreiheit nicht laut bekennen und lehren, wird die Kirche zu einer Kirche wie die von Hazel Motes in Flannery O'Connors Buch *Wise Blood*, die „Kirche ohne Christus", in der die Lahmen nicht gehen, die Blinden nicht sehen, die Tauben nicht hören und die Toten tot bleiben. Eben das hat Merton gelernt.

Die Weisheit der Gewaltfreiheit lehrt uns: Krieg ist nicht der Wille Gottes. Krieg ist niemals gerechtfertigt. Krieg wird nie von Gott gesegnet. Krieg wird von keiner Religion gutgeheißen. Krieg ist die Definition von Todsünde. Krieg ist dämonisch, böse, anti-human, gegen das Leben, gegen Gott, gegen Christus. Für Christen ist Krieg nicht der Weg, auf dem sie Jesus folgen. „Der Gott des Friedens wird niemals durch menschliche Gewalt verherrlicht", schreibt Merton. In anderen Worten: Friedliche Mittel sind der einzige Weg in eine friedliche Zukunft und zum Gott des Friedens.

Deshalb müssen wir wie Merton Gewaltfreiheit studieren, sie definieren, darüber sprechen und darüber nachdenken, wie wir alle gewaltfreier werden können und wie wir eine Kirche der Gewaltfreiheit schaffen können, ja sogar eine neue Welt der Gewaltfreiheit. Merton hat sie also studiert und ist zu dem Schluss gekommen: „Wichtig an Gewaltfreiheit ist die unsichtbare kontemplative Wahrheit. Die radikale Wahrheit der Realität ist, dass wir alle eins sind."[18]

---

[18] *Blessed are the Meek* [vgl. Anmerkung 15].

Mertons Gewaltfreiheit fängt mit der Vision einer versöhnten Menschheit an, der Wahrheit, dass alles Leben heilig ist, dass wir alle gleichwertige Schwestern und Brüder sind, alle Kinder des Gottes des Friedens, bereits versöhnt, bereits alle miteinander verbunden, und deshalb dürfen wir niemals einen anderen Menschen verletzen oder töten und noch viel weniger schweigen, während unser Land Krieg führt und Kernwaffen baut, und wir dürfen nicht zulassen, dass Menschen verhungern.

Gewaltfreiheit ist also viel mehr als eine Taktik oder Strategie, sie ist eine Lebensweise. Wir sagen uns von der Gewalt los und schwören, nie wieder jemanden zu verletzen. Es ist keine passive, sondern aktive Liebe und Wahrheit, die nach Gerechtigkeit und Frieden für das ganze Menschengeschlecht strebt. Sie widersteht dem systembedingten Bösen, versöhnt sich unaufhörlich mit jedem und besteht darauf, dass es keinen noch so edlen Grund geben kann, aus dem sie die Tötung irgendeines Menschen gutheißt. Anstatt dass wir andere töten, sind wir bereit, im Kampf um Gerechtigkeit und Frieden selbst den Tod zu erleiden. Anstatt dass wir anderen Gewalt antun, nehmen wir das Leiden an und erdulden es, ohne auch nur den Wunsch zu verspüren, Vergeltung zu üben, wenn wir Gerechtigkeit und Frieden für alle Menschen erstreben.

Gewaltfreiheit ist aktiv, kreativ, provokativ und eine Herausforderung. Aufgrund des Studiums von Gandhi war Merton auch der Meinung, dass Gewaltfreiheit eine Lebenskraft sei, die mächtiger als die Waffen der Welt ist, dass sie, wenn sie benutzt wird, ansteckend wirke und Nationen entwaffne. Gewaltfreiheit beginnt also in unseren Herzen: Wir erteilen der Gewalt in uns eine Absage und dann wenden wir uns mit aktiver Gewaltfreiheit unseren Familien, Gemeinschaften, Kirchen, Städten, unserer Nation und der Welt zu. Aktive Gewaltfreiheit kann die Welt verändern, wenn sie auf nationaler oder globaler Ebene organisiert wird, wie Gandhi in der

Revolution Indiens und Dr. King in der Bürgerrechtsbewegung in den USA gezeigt haben.

Ich habe einige Jahre als Geschäftsführer des Versöhnungsbundes gearbeitet. Dieser hat, denke ich, durch John Heidbrink 1960 und 1961 dazu beigetragen, dass Merton und die Brüder Berrigan zur Friedensarbeit gekommen sind. Ich habe wie Merton durch FOR[19] gelernt, dass alle großen Religionen in Gewaltfreiheit wurzeln. Islam bedeutet Frieden. Das Judentum erhält die wunderbare Vision von *Schalom* aufrecht, die besagt, dass Menschen Schwerter zu Pflugscharen umschmieden und den Krieg nicht mehr lernen werden. Gandhi veranschaulicht den Hinduismus als aktive Gewaltfreiheit. Im Buddhismus geht es schon ganz und gar um Mitgefühl für alle lebenden Wesen. Nehmt alle Kraft zusammen, lehrt Merton, auch das Christentum wurzelt in Gewaltfreiheit.

Eines können wir jedenfalls mit Sicherheit von Jesus sagen: Er praktizierte öffentlich aktive, kreative Gewaltfreiheit. Er rief dazu auf, unseren Nächsten zu lieben, jedem gegenüber Mitgefühl zu zeigen, nach Gerechtigkeit für die Armen zu streben, jedem zu vergeben, das Schwert in die Scheide zu stecken, das Kreuz im Kampf um Gerechtigkeit und Frieden auf uns zu nehmen, unser Leben hinzugeben und, wenn nötig, unser Leben aufs Spiel zu setzen – das alles aus Liebe zur ganzen Menschheit – und vor allem, unsere Feinde zu lieben. Seine letzten Worte an die Gemeinde, an die Kirche, an uns, als die Soldaten ihn wegzerrten, hätten nicht eindeutiger und treffender sein können: „Stecke dein Schwert in die Scheide".

Jetzt könnte jemand sagen, in diesem einzigen Augenblick wäre Gewalt gerechtfertigt gewesen. Petrus sei im Recht gewesen, als er zum Schwert griff, um unseren Freund, den Heiligen, zu schützen. Aber Jesus erlässt ein neues Gebot: „Stecke dein Schwert in die Scheide!" Das ist es. Wir dürfen

---

[19] [FoR: Fellowship of Reconciliation, Versöhnungsbund, vgl.: www.versoehnungsbund.de bzw. www.ifor.org]

nicht töten. Aus diesem Grund laufen die Jünger weg: ihnen wird klar, dass Jesus es mit der Gewaltfreiheit ernst meint, dass sie und wir einem Märtyrer folgen.

Als Jesus am Kreuz stirbt, sagt er: „Hier in meinem Leib ist die Gewalt zu Ende, in meinem Leib, der für euch gegeben wird. Ich vergebe euch, aber von jetzt an dürft ihr nicht mehr töten." Und Gott erweckt Jesus von den Toten und sagt: „Friede sei mit euch". Dann schickt er uns mit dem Auftrag, kreative Gewaltfreiheit zu verkünden, mitten in die Kultur der Gewalt.

Es gefällt mir, dass Merton sich in einem seiner Tagebücher in den frühen 1960er Jahren „Professor der Gewaltfreiheit" nennt. Er ist entschlossen, die Kirche, ja die ganze Welt, die Weisheit der Gewaltfreiheit zu lehren. Auch wir müssen Gewaltfreiheit lehren und die Kirche dazu aufrufen, die Gewaltfreiheit Jesu zu praktizieren und zur Zurückweisung der Theorie des gerechten Krieges ihr Teil beizutragen und das Geschenk des auferstandenen Christus, den Frieden anzunehmen.

Drittens: Merton lädt uns dazu ein, Apostel der Gewaltfreiheit zu werden.

Wir erinnern uns an Mertons berühmten Artikel für Dorothy Day im *Catholic Worker*, in dem er schrieb: „Die Pflicht von uns Christen in dieser Krisenzeit ist es, mit unserer ganzen Kraft und Intelligenz, mit unserem Glauben an Christus und unserer Hoffnung auf ihn und mit unserer Liebe zu Gott und der Menschheit die eine Aufgabe zu erfüllen, die Gott uns in der Welt heute gestellt hat. Es ist die Aufgabe, für die vollkommene Abschaffung des Krieges zu arbeiten. Es ist keine Frage, dass, wenn der Krieg nicht abgeschafft wird, die Welt in einem dauernden Zustand der Verrücktheit und Verzweiflung bleiben wird. Wegen der enorm zerstörerischen Kraft der modernen Waffen steht die Gefahr einer Katastrophe wahrscheinlich jederzeit überall unmittelbar bevor. Die

Kirche muss auf dem Weg zur gewaltfreien Lösung von Konflikten und in Richtung der allmählichen Abschaffung des Krieges vorangehen. Nur das ist eine Möglichkeit, Streit zwischen Nationen oder zwischen Bürgern eines Landes zu regeln. Christen müssen in jeder möglichen Weise aktiv werden und alle ihre Ressourcen für den Kampf gegen den Krieg mobilisieren. Frieden muss gepredigt werden und Gewaltfreiheit muss dargelegt und praktiziert werden. Es kann sein, dass wir bei dieser Kampagne nie Erfolg haben werden, aber ob wir nun Erfolg haben oder nicht: Unsere Pflicht dazu liegt auf der Hand."

Heute werden 35 Kriege geführt und unser Land ist in jeden dieser Kriege verwickelt. Den Vereinten Nationen zufolge verhungern 50.000 Menschen täglich. Fast zwei Milliarden leiden unter Armut und Elend. Wir leben inmitten von struktureller, systembedingter und institutionalisierter Gewalt, die Menschen durch Krieg und Armut tötet.

Dieses globale System bewirkt einen umfangreichen Katalog an Gewalttaten: Hinrichtungen, Sexismus, Rassismus, Gewalt gegen Kinder, Gewalt gegen Frauen, Feuerwaffen, Abtreibung und Umweltzerstörung, darunter Zerstörung der Ozonschicht, der Regenwälder und unserer Meere. Seit 2003 haben wir mehr als 135.000 Iraker getötet. Am 6. August 1945 jedoch haben wir die Grenze dieser Sucht nach Gewalt endgültig überschritten und 130.000 Menschen in Hiroshima und noch einmal, drei Tage danach, 70.000 in Nagasaki getötet.

Heute haben wir etwa 25.000 Atombomben und es gibt keine Bewegung in Richtung Entschärfung. Stattdessen erhöhen wir unser Budget zum Töten und schicken Atombomben und radioaktives Material ins All. Wir legen Raketenschilder um den Planeten und planen sogar noch größere Atombomben.

Ich denke, wir sind dazu aufgerufen, Friedensaktivisten zu sein, wie Thomas Merton einer war. Jim Douglass hat mir erzählt, dass Merton, als er alleine in seiner Klause im Wald lebte, mehr für den Frieden getan habe als die meisten Friedensaktivisten. Ich denke, dass wir uns, was wir auch tun und wo wir auch sind, in die Bewegung für Frieden und Gerechtigkeit einreihen müssen. Niemand von uns kann alles tun, aber wir alle können etwas tun, wie auch Merton es getan hat, ob nun durch unsere Gebetswache, durch Marschieren, Flugblätterverteilen, Protestieren oder zivilen Ungehorsam.

Deshalb rufe ich Sie auf, der internationalen katholischen Friedensbewegung *Pax Christi* oder dem Versöhnungsbund beizutreten. Nehmen Sie an der ‚ONE'-Kampagne[20] teil, die daran arbeitet, der ‚Dritten Welt' die Schulden zu erleichtern, und nehmen Sie an der beginnenden Kampagne zur Schließung der *School of the Americas* teil.

Am 6. August 2005, dem 60. Jahrestag der Atombombe auf Hiroshima, werden Hunderte von uns aus ‚*Pax Christi*' zum Geburtsort der Bombe Los Alamos in New Mexico gehen und wir werden uns im Geiste andächtiger aktiver Gewaltfreiheit in Sack und Asche kleiden, um die Sünde von Krieg und Atomwaffen zu bereuen, und wir werden um das Geschenk der atomaren Abrüstung beten. Ich hoffe, Sie werden uns begleiten oder an Ihrer Friedenswache vor Ort teilnehmen.

Auf der ersten Seite seines Buches *Peace in the Post Christian Era* schreibt Merton:

„Nie zuvor war Widerstand gegen Krieg dringender und notwendiger als jetzt. Nie zuvor wurde religiöser Protest so dringend gebraucht." Das Buch durfte nicht veröffentlicht werden und wurde erst kürzlich von Orbis Books (2005) herausgebracht.

---

[20] [www.one.org/de/ – vgl. zur Entschuldung auch: http://erlassjahr.de/]

Viertens: Merton lädt uns ein, Visionäre der Gewaltfreiheit zu werden.

Eines der vielen Opfer der Kriegskultur ist die Fantasie: Die Menschen können sich keine Welt ohne Krieg, Kernwaffen, Gewalt und Armut vorstellen. Nicht einmal *vorstellen* können sie sich eine solche Welt, weil uns die Kriegskultur unserer Fantasie beraubt hat!

Wir leben in einer Zeit schrecklicher Blindheit, moralischer Blindheit, geistlicher Blindheit, einer Blindheit, die uns in den Abgrund der Zerstörung des Planeten stürzen wird.

Unsere Mission ist es, wie Merton die Vision der Gewaltfreiheit aufrechtzuerhalten, um den Weg nach vorne zu weisen, den Weg aus unserem Wahnsinn, um das Licht hochzuhalten, das uns vom Rande des Abgrunds der Zerstörung wegführen soll.

Wir müssen die Gemeinschaft des Glaubens, des Gewissens und der Gewaltfreiheit sein, die die Vision Frieden hochhält, sodass die anderen sich eine Welt ohne Krieg und Kernwaffen vorstellen können. Diese Vision lehrt uns, Widerstand gegen Kriege und Atomwaffenlager in unserem Land zu leisten.

Mein ganzes Leben lang habe ich versucht, die Vision einer Welt ohne Krieg aufrechtzuerhalten, indem ich den Armen und Obdachlosen gedient habe, indem ich Kriegsgebiete in aller Welt besucht habe, indem ich Proteste organisiert habe und 75-mal verhaftet wurde, indem ich mich an einer Pflugscharen-Aktion beteiligt und für den Versöhnungsbund gearbeitet habe. Jetzt wohne ich weit draußen in der Wüste von New Mexico, wo ich bis vor Kurzem wie ein Wüstenvater am Rande der Gesellschaft als Pastor in einigen Kirchen unter den Ärmsten gedient habe. New Mexico ist ein Land großartiger Spiritualität, aber es ist gleichzeitig der ärmste Staat der USA, der Geburtsort der Bombe und die Nummer Eins bei den Ausgaben für Kernwaffen. Zurzeit bin ich in große

Schwierigkeiten geraten, weil ich zur Schließung von Los Alamos aufgerufen habe. Aber ich denke daran, dass Thomas Merton zweimal New Mexico besucht hat, bevor er nach Asien aufbrach, und von Land und Leuten und dem Leben am Rande beeindruckt war. Er wusste, dass das ein besonderer Landstrich ist, der zu einem Land der Gewaltfreiheit werden könnte.

Vielleicht haben Sie gehört, was mir kürzlich passiert ist. Ich wohne in einer kleinen Wüstenstadt im Nordosten von New Mexico, diene in fünf Gemeinden und spreche mich dort immer wieder gegen den Krieg aus, als am 20. November 2003 frühmorgens um 6 Uhr 75 Soldaten die Straße vor meinem Pfarrhaus und meiner Kirche entlang marschierten und Schlachtrufe erklingen ließen. Das war ein Tag, nachdem angekündigt worden war, dass die dort stationierte Einheit der Nationalgarde in den Irak gehen sollte. Sie marschierten dann eine Stunde lang an der Kirche vorbei, das Schreien wurde wirklich laut und ich sah aus dem Fenster und entdeckte, dass sie direkt vor meinem Haus standen und die Straße mit dem Schrei erfüllten: „Töten, töten, töten!" Ich ging also hinaus und hielt ihnen eine Ansprache: „Im Namen Gottes befehle ich euch, aus dem Militär auszutreten, nicht in den Irak zu gehen, weder jemanden zu töten noch euch töten zu lassen und der Gewaltfreiheit Jesu zu folgen, weil Gott den Krieg nicht gutheißt, weil Gott den Krieg nicht segnet, weil Gott nicht will, dass ihr Krieg führt." Sie sahen mich mit offenem Mund an und brachen in Lachen aus. Seit diesem Ereignis bin ich allgemein bekannt.

Ich habe meinen Freunden in der Friedensbewegung gesagt, dass sie, wenn sie erst einmal allgemein bekannt seien, nicht mehr zu Demonstrationen zu gehen brauchten. Von jetzt an kommen die Soldaten zu mir!

Wie Merton müssen wir alle zu neuen Abolitionisten werden, zu Menschen, die sich eine Welt ohne Krieg, Armut und Kernwaffen vorstellen.

Fünftens: Merton lädt uns ein, Propheten der Gewaltfreiheit zu werden.

Dies ist eines meiner Lieblingszitate von Merton: „Meine Absicht ist es, mein ganzes Leben zu einer einzigen Absage an die Verbrechen und Ungerechtigkeiten des Krieges und der politischen Tyrannei, die die gesamte Menschheit und die ganze Welt zu zerstören droht, zu machen und dagegen zu protestieren. Mit meinem klösterlichen Leben und meinem Gelübde sage ich NEIN zu allen Konzentrationslagern, Bombardierungen, inszenierten politischen Gerichtsverfahren, Morden, Rassen-Ungerechtigkeiten, Gewalt und Kernwaffen. Indem ich NEIN zu allen diesen Kräften sage, sage ich JA zu allem, was in der Welt und der Menschheit gut ist."
Merton hat gelernt, sein Leben zu einer Absage an den Krieg zu machen und sich für Frieden auszusprechen. Ich denke, wir müssen dasselbe tun und unser ganzes Leben zu einer Absage an die Verbrechen und Ungerechtigkeiten des Krieges und der Kernwaffen in unserem Land machen und dagegen protestieren, und wir müssen in einer Gewaltkultur zu Propheten der Gewaltfreiheit werden.
Merton lehrt uns, die Kriegskultur zu überwinden, die falsche Spiritualität der Gewalt bloßzustellen und die Wahrheit von Frieden und Gewaltfreiheit auszusprechen. Man bedenke, wie er an Jean LeClerc geschrieben hat, die Arbeit des Klosters sei „nicht Überleben, sondern Prophetie", und zwar in dem biblischen Sinn: der Herrschaftsmacht die Wahrheit ins Gesicht zu sagen, Gottes Friedenswort in der Welt des Krieges auszusprechen und von der gewaltfreien Herrschaft Gottes und der Gegenherrschaft der Gewalt zu sprechen. Ich denke, das ist auch unsere Aufgabe – nicht Überleben, sondern Prophetie.
Merton schrieb 1962 an Daniel Berrigan: „Wenn wir die Propheten mit offenen Augen und Ohren lesen, können wir nicht umhin, unsere Verpflichtung zu erkennen: Wir müssen

sehr laut Gottes Willen, Gottes Wahrheit und Gottes Gerechtigkeit verkünden."

Ich bin sicher, Merton hätte über alles, was in der Welt heute vor sich geht, etwas zu sagen. Deshalb ist es unsere Aufgabe, wie der Prophet Merton das Ende von Krieg, Hunger, Gewalt und Kernwaffen zu fordern und zu sagen: Bringt die Soldaten nach Haus, beendet die Besetzung des Irak, beendet die Militärhilfe für den Nahen Osten und helft den Vereinten Nationen, gewaltfreie Alternativen zur Lösung dieser Krise zu verfolgen.

Im März 1999 leitete ich eine FOR-Delegation von Nobelpreisträgern nach Bagdad. Wir trafen uns mit religiösen Führern – unter anderen mit dem päpstlichen Nuntius und mit Imamen –, mit Beamten der Vereinten Nationen, Vertretern von Nichtregierungsorganisationen und sogar Regierungsvertretern, aber vor allem sahen wir Hunderte sterbender Kinder und sahen mit eigenen Augen die Realität der Leiden, die die Sanktionen anrichten, weil wir die Infrastruktur des Irak systematisch mit unseren Bomben zerstört haben. Wohin wir auch gingen, fragten uns die leidenden Menschen direkt: Warum versucht ihr uns zu töten?

Ich glaube, dass Merton ebenso wie er Vietnamkrieg, Kernwaffen und Rassismus verurteilt hat, heute die Bombardierung durch die USA, die Sanktionen und die Besetzung des Irak als vollkommene Katastrophe und spirituelle Niederlage verurteilen würde. Der Irak ist kein befreites Land. Er ist ein besetztes Land und wir sind die imperialen militärischen Besatzer. Es gibt keine repräsentative Demokratie im Irak und wir haben auch nicht die Absicht, eine zu schaffen. Wenn wir das Vorbild und die Lehren Mertons ernst nehmen, müssen wir das tun, was er getan hat, und uns gegen diese furchtbaren Kriege aussprechen. Wir sind keine Klostermönche oder Eremiten, also haben wir keine Entschuldigung.

Bei der Besetzung des Irak geht es weder um den 11. September noch darum, seine Massenvernichtungswaffen aufzuhalten, da sie schon zerstört waren. Es geht weder um die Sorge um Demokratie noch um Abrüstung noch um die Kurden noch um das irakische Volk.

Wenn uns Amerikanern etwas an Demokratie gelegen wäre, hätten wir sie gefragt, wie wir ihnen zu Demokratie verhelfen könnten. Unsere Delegation tat das. Zu einem von uns sagten sie: „Bombardiert uns nicht, sondern gebt uns Nahrungsmittel und Medizin und unterstützt gewaltfreie demokratische Bewegungen finanziell". Stattdessen reagieren wir militärisch mit Sanktionen und Bomben.

Wenn es uns darum gegangen wäre, dass der Irak über einen Teil der Massenvernichtungswaffen in der Welt verfügt, würden wir unseren Teil, unsere 20.000 Massenvernichtungswaffen, vernichten. Vor Kurzem sagte ich bei einem Protest in Santa Fe: Wenn Präsident Bush Massenvernichtungswaffen sucht, können wir ihm sagen, wo er sie finden kann: Sie sind gleich hier in unserem Hinterhof. New Mexico brauchte er noch nicht einmal zu bombardieren, sondern er könnte unser gesamtes Kernwaffenarsenal ganz ohne Bombeneinsatz vernichten.

In diesem Krieg geht es ausschließlich um Bushs und Cheneys Ziel, um jeden Preis die irakischen Ölfelder zu kontrollieren, um die Kontrolle über die Weltwirtschaft zu erlangen. Wir haben jedes große Gebäude in Bagdad außer dem Ölministerium bombardiert. Unsere imperiale Wirtschaft basiert ganz und gar auf Öl und Waffen. Um dieses Imperium aufrechtzuerhalten, müssen wir Krieg führen und Kriege kosten das Blut von Kindern, Christi Blut. Sie und ich müssen wie Merton zur Stimme derer werden, die keine Stimme haben, der Stimme von Vernunft und Frieden.

„Ich ergreife Partei für die Menschen, die verbrannt, bombardiert, in Stücke gerissen, gefoltert, als Geisel genommen, vergast, zugrunde gerichtet und vernichtet werden", schrieb Merton 1960. „Sie sind die Opfer beider Seiten. Wer die Partei der massiven Macht ergreift, ergreift Partei gegen die Unschuldigen. Ich ergreife für diejenigen Partei, die den Krieg satthaben und Frieden wollen, die ihr Leben, ihre Länder und die Welt wiederaufbauen wollen."

Wie Merton denke ich, dass wir Partei ergreifen müssen. Wir müssen die Partei der Armen und der Kinder, der Unschuldigen und unserer Feinde ergreifen, um wie Christus zu sein, der Partei ergriffen hat, als er sagte: „Was ihr einem der Geringsten unter ihnen getan habt, das habt ihr mir getan."

„Es ist unbedingt notwendig, ernsthaft Stellung zur Frage des Atomkrieges zu beziehen und dies deutlich zu formulieren, ich meine: gegen Atomkrieg", schrieb Merton 1960 an seine Freundin Etta Gullick[21]. „Passivität, offensichtliche Gleichgültigkeit, der mangelnde Zusammenhalt so vieler Christen bei diesem Thema und, was noch schlimmer ist, die aktive Kriegsbereitschaft einiger religiöser Sprecher wird bald zu einem der heillosesten Skandale in der Geschichte des Christentums werden."

Wenn wir Propheten der Gewaltfreiheit sein sollen, müssen wir uns für ein Ende der Besatzung aussprechen, wir müssen die sofortige Rückkehr unserer Soldaten fordern und die UN auffordern, die Krise gewaltfrei zu lösen und zur Heilung der Wunden unserer irakischen Brüder und Schwestern beizutragen.

Wir müssen auch die sofortige Beendigung aller Militärhilfen der USA an Israel und das Ende der Besetzung Palästinas fordern und wir müssen anstelle des israelischen Militärs die israelischen und palästinensischen Friedensstifter finanziell unterstützen und Israel sagen: Wir sind weder Antisemiten noch heißen wir Selbstmordattentate gut, sondern wir wünschen uns die Verwirklichung der jüdischen Vision von Schalom. Wir fordern die Einhaltung der Menschenrechte der palästinensischen Kinder.

---

[21] [Von 1961-1968 Briefpartnerin Mertons, mit der er sich über theologische Themen austauschte.]

Wir müssen auch fordern, dass unser Land mit der Bombardierung und der Entsendung von Militärhilfe nach Kolumbien und den Philippinen aufhört, wir müssen unsere Trainingslager für Terroristen, darunter die *School of the Americas* in Fort Benning in Georgia, ebenso schließen wie CIA, NSA und das Pentagon und stattdessen der Dritten Welt die Schuldenlast erleichtern.

Wir müssen fordern, dass wir unser Militärbudget kürzen und das Raketenabwehrschildprogramm im Krieg der Sterne beenden. Die dabei eingesparten Milliarden Dollar können wir dann für die schwere Arbeit der Herstellung eines dauerhaften Friedens verwenden – und zwar durch internationale Zusammenarbeit bei gewaltfreien Alternativen –, für die Ernährung aller hungernden Kinder und Flüchtlinge auf dem Planeten, für die Beendigung der Armut, für den Erweis von Mitgefühl für alle und für den Schutz der Erde. Wir müssen alle Kernwaffen und Massenvernichtungswaffen abrüsten und internationale Verträge über nukleare Abrüstung in Gang bringen. Außerdem müssen wir uns dem Weltgerichtshof unterstellen und das Völkerrecht einhalten.

Merton lehrt uns wie Ezechiel und alle Propheten, dass es unsere Berufung sei, die Wahrheit über den Frieden zu sagen – ganz gleich, ob wir gehört werden oder nicht, ob unsere Botschaft angenommen wird oder nicht –, damit wir Propheten der Gewaltfreiheit werden, ein prophetisches Volk, das für den Gott des Friedens spricht.

Merton beendet seinen großen Aufsatz *Blessed are the Meek* – Gesegnet sind die Sanftmütigen –, den Text über die Wurzeln der christlichen Gewaltfreiheit, damit, dass er über die Hoffnung schreibt: Unsere Arbeit für Frieden und Gerechtigkeit gründet sich nicht auf die Hoffnung, Ergebnisse zu erzielen, oder die Wahnvorstellungen von Gewalt oder die falsche Sicherheit dieser Welt, sondern auf Christus. Unsere Hoffnung ist der Gott des Friedens in der Auferstehung.

Merton macht mir Hoffnung, die Hoffnung, ein kontemplativer Mensch und ein Mystiker der Gewaltfreiheit in der Gemeinschaft mit dem Gott des Friedens zu werden, die Hoffnung, der Gewaltkultur die Weisheit der Gewaltfreiheit zu lehren, die Hoffnung, aktive Gewaltfreiheit in einer Welt der Gleichgültigkeit zu praktizieren, die Hoffnung, mich prophetisch für Frieden in einer Welt des Krieges und der Kernwaffen auszusprechen, die Hoffnung, in einem Land der Blindheit und Verzweiflung die Vision des Friedens, also einer Welt ohne Krieg, aufrechtzuerhalten.

Ich habe Mertons abschließenden Rat an Daniel Berrigan in einem seiner Briefe nachgelesen und gedacht, wir könnten alle aus Mertons Ermutigung Kraft schöpfen: „Du tust viel Gutes, indem du einfach ruhig die Tatsachen feststellst und die Wahrheit sagst", schrieb Merton an Daniel Berrigan. „Die wirkliche Aufgabe besteht darin, die Grundlagen für eine Veränderung des Herzens der gesamten Nation zu legen, damit sie eines Tages wirklich die *Metanoia*, Buße, tun kann, die wir für eine friedliche Welt brauchen. Deshalb lass dich nicht entmutigen. Erlaube dir selbst nicht, frustriert zu sein. Der Heilige Geist schläft nicht. Halt den Kopf hoch!"

Auf dieselbe Weise dränge ich euch dazu, euch nicht entmutigen zu lassen, nicht zu verzweifeln, euch nicht zu fürchten, euch nicht der Teilnahmslosigkeit hinzugeben, nicht aufzugeben, sondern stattdessen kontemplative Menschen, Lehrer, Apostel, Propheten und Visionäre des Evangeliums von der Gewaltfreiheit zu werden, dort den Faden aufzunehmen, wo Merton ihn loslassen musste, ebenso tief wie Merton zu gehen, auf Mertons Schultern zu stehen und die Kirche und die Welt in die Gemeinschaft des Evangeliums der Gewaltfreiheit zu verwandeln, damit wir Gottes Willen tun und mit und wie Merton die Offenbarung von Gerechtigkeit und die gute Nachricht von der Liebesrevolution verkünden. Lasst uns also beten:

Gott des Friedens, mache uns zu kontemplativen Menschen der Gewaltfreiheit, zu Propheten der Gewaltfreiheit, zu Lehrern der Gewaltfreiheit, zu Aposteln der Gewaltfreiheit und zu Visionären des Friedens wie Thomas Merton einer war. Hilf uns, die Offenbarung von Gerechtigkeit und die Revolution der Liebe zu verkünden, sodass wir alle dein Reich des Friedens begrüßen können. Amen.

Gott des Friedens, gib uns Mut, Kraft und Glauben, NEIN zu den Übeln Gewalt, Krieg, Gier, Armut und nuklearen Waffen zu sagen, wie Merton es getan hat, und JA zu Jesu Herrschaft von Gewaltfreiheit, Liebe, Gerechtigkeit und Frieden zu sagen, wie Merton es getan hat. Amen.

Gott des Friedens, wir sind blind. Gib uns die Vision des Friedens, damit wir alle Menschen auf dem Planeten als unsere Schwestern und Brüder ansehen, unsere Nächsten und unsere Feinde lieben und wie Merton lernen, dass wir am Ende alle eins in dir sind. Rüste unsere Herzen ab und schicke uns weiterhin in die Welt des Krieges und der nuklearen Waffen, wie du Merton, Dorothy Day, Martin Luther King und Mahatma Gandhi geschickt hast, damit auch wir zu Werkzeugen deines Friedens werden. Amen.

Jona und der Auftrag zum Frieden

Gott gibt uns gewöhnlich drei unterschiedliche Anweisungen: „Komm, folge mir", „Bleibe bei mir" (und „Gib acht") oder „Geh und sage ihnen…". Die erste ist die Berufung in die Jüngerschaft, die zweite eine Aufforderung zu Begleitung und Gemeinschaft und die dritte ist ein Schubs ins prophetische Amt: vorwärts gehen und einer Welt voller Krieg und Ungerechtigkeit Gottes Willen zu Frieden und Gerechtigkeit verkünden.

Jona ist der schlimmste und zugleich der großartigste der Propheten. Er ist der schlimmste, weil er vor Gott und vor Gottes Auftrag davongerannt und infolgedessen im Bauch eines Wals gelandet ist. Als er jedoch wieder zu Verstand gekommen war und seine Aufgabe erfüllt hatte, verfiel er in eine wütende Depression. Er machte Gott Vorwürfe, dass er die gehassten Feinde gerettet, dass Gott so viel Mitleid mit ihnen gehabt hatte, und er schmollte wie ein verdrießlicher Teenager.

Und gleichzeitig ist er der großartigste aller Propheten, weil er der einzige Prophet in der gesamten Bibel ist, der seinen Auftrag vollkommen erfüllt und alle Menschen bekehrt hat – in seinem Fall waren es die Einwohner der großen Stadt Ninive im „bösen Imperium". Niemals zuvor hatte jemand Derartiges geleistet. Jona hatte den Schubs ins prophetische Amt akzeptiert und seine Aufgabe erfüllt.

Meine Idee war, eine kleine Sommer-Reihe über das Buch Jona anzubieten. Die Lektüre dieses Buches kann dazu beitragen, uns zum Nachdenken darüber anzuregen, wie wir Gottes Auftrag erfüllen, Worte des Friedens zu Menschen zu sprechen, die im Imperium des Krieges leben. Ich lade Sie dazu ein, ihre Bibel aufzuschlagen und mit mir die Geschichte von Jona zu lesen. Daniel Berrigan nennt das Buch Jona „eine ausführliche Parabel", die „die normalen Erwartungen umkehrt". Ich denke, dies gilt auch für unser Leben, für unser gegenwärtiges Dilemma in dem Herrschaftssystem, in dem wir leben, für unsere Verantwortung, die Stimme zu erheben, und für unsere Beziehung zu Gott.

„Jona ist ein Antiheld", schreibt Berrigan in *Minor Prophets, Major Themes*[22]. „Darin entspricht er unserer Stimmung – sowohl ziemlich dunkel im Gemüt, melancholisch, auf der Schattenseite, als auch auf seltsame Weise dankbar für diesen Zustand."

Bekanntlich besteht Jonas Geschichte aus drei Teilen.

Erster Akt: Gott sagt Jona, er solle nach Ninive in die Stadt des gehassten Feindes gehen und den Bewohnern sagen, sie sollten ihre Sünden, Gewalttaten, die Ungerechtigkeit und den Krieg bereuen. Jona aber rennt in die entgegengesetzte Richtung und schifft sich ein. Ein furchtbarer Sturm kommt auf, die erschrockenen Matrosen stellen Jona zur Rede und werfen ihn schließlich über Bord. Er wird von einem Wal verschluckt, sitzt drei Tage in seinem Bauch und kehrt dann zu Gott zurück. Er singt einen Lobgesang, weil Gott ihn gerettet und der große Fisch ihn am Ufer ausgespuckt hat.

Zweiter Akt: Jona geht durch die Stadt Ninive und ermahnt die Menschen, Gewalttaten, Ungerechtigkeit und Krieg zu bereuen. Plötzlich bereuen alle und infolgedessen verschont sie unser ewig gnädiger Gott.

Dritter Akt: Jona hat einen vollständigen Zusammenbruch. Er ist wütend, dass Gott den gehassten Feind verschont hat, er verzweifelt und will sterben. Gott versucht, Jona seine Gründe darzulegen, zu erklären, warum Gott diesen irrege-

---

[22] [Daniel Berrigan: *Minor Prophets, Major Themes*, Fortkamp Publishing / Rose Hill Books, 1995.]

führten Menschen – „und außerdem so viel Vieh"[23] – Gnade
erzeigt hat. Es stellt sich heraus, dass Jona eine Ruhepause
braucht.

„Mach dich auf den Weg und geh nach Ninive, in die große Stadt, und droh ihr (das Strafgericht) an! Denn die Kunde
von ihrer Schlechtigkeit ist bis zu mir heraufgedrungen." Das
sagt Gott gleich am Anfang zu Jona.

Ich denke, dass Gott immer zu uns allen spricht, wir aber
nicht hören wollen. Und wenn Gott über die Schlechtigkeit
Ninives traurig war, was muss er da heute über die Schlechtigkeit Amerikas denken, wo wir Kernwaffen bauen, üblen
Konzernen dienen, die Armen leiden und sterben lassen, unsere Feinde bombardieren, alle ausspionieren und die Umwelt zerstören? Gott muss erzürnt sein! Ich stelle mir Gott
vor, wie er Hunderttausende täglich auffordert, durch Amerika zu gehen und die Menschen zu ermahnen, dass sie sich
von Gewalt, Ungerechtigkeit und Kriegsführung abkehren
sollen. Und ebenso wie Jona rennen wir alle in die entgegengesetzte Richtung. Das, was Gott fordert, ist das Allerletzte,
was wir tun wollen!

Festzuhalten ist, dass zum Auftrag immer gehört, dass einer dem Herrschaftssystem entgegentreten soll. Ob es nun
Moses ist, der gesandt wird, Pharao entgegenzutreten, oder
Jona nach Ninive geschickt wird oder Jesus zum römischen
Prokurator in Jerusalem oder Petrus und Paulus nach Rom:
Früher oder später wird Gottes Dienern der Auftrag erteilt,
mit einer Botschaft über Reue, Umkehr, Abrüstung, Gerechtigkeit und Gewaltfreiheit dem Herrschaftssystem entgegenzutreten. Dieses Muster regt uns dazu an, Gottes Auftrag für
uns zu bedenken und zu überlegen, was wir angesichts eines
mächtigen, militaristischen und destruktiven Landes, der
Vereinigten Staaten von Amerika, für Gott tun werden.

Als Jona klar wird, Gott will, dass er dem Herrschaftssystem entgegentritt, dreht er sich um und rennt davon. Er

---

[23] Jona 4, 11.

nimmt das erstbeste Schiff und dieses geht nach Tarschisch. Er hat ganz und gar nicht die Absicht, nach Ninive zu gehen. Großer Fehler. Ein Sturm kommt auf und das Schiff wälzt sich hin und her. Zu beachten ist: Jona schläft fest. (Vielleicht ist es ein Bild des treulosen Jüngers, wie die drei, die – im Lukasevangelium – Jesu Verklärung und die, die im Garten Gethsemane seine Todesnot verschlafen haben.) Die Matrosen stellen ihn zur Rede, sagen, er sei schuld am Sturm, und werfen ihn über Bord. „Ein großer Fisch" verschlingt Jona und er bleibt drei Tage und drei Nächte in seinem Bauch.

Die Moral des ersten Akts: Renne nicht vor Gott davon! Finde dich mit der Tatsache ab, dass Gott einen Auftrag für dich hat! Dazu gehört auch, dass wir mit der unliebsamen Botschaft von Umkehr und Gewaltfreiheit das Herrschaftssystem ansprechen müssen. Lege deine Sorgen und Ängste beiseite und mache dich an die Erfüllung deines Auftrags!

Als Jona ganz und gar am Boden ist, wendet er sich zum ersten Mal in der Geschichte dem Gebet zu. Die Matrosen beten um ihre Lebensrettung, Jona tut das jedoch nicht. Er sagt ihnen zwar, er verehre den lebendigen Gott, aber er betet nicht. Er will Gott nicht einschalten. Er will nicht noch einmal hören, was Gott von ihm will. Er hält es für möglich, dass Gott gnädig und barmherzig ist und sogar den gehassten Feind ungeschoren davonkommen lassen könnte. „Wer könnte mit einem solchen Gott jemals einverstanden sein?", denkt er.

Aber die Situation hat sich verändert. Nun steckt er im Bauch des Fisches. Die Wirklichkeit eines Tiefpunktes im Leben kann dazu führen, dass wir wieder zu Verstand kommen, unsere eigene Ohnmacht erkennen und Gott um Hilfe bitten. Jonas betet einen schönen Dankespsalm, Dank für seine Errettung. Noch ist er nicht frei, aber er weiß, dass Gott sein Gebet schon erhört hat und sich um ihn kümmern wird. Es ist die Erinnerungsmelodie für alle, die am Ende waren, alle, die auf Friedensmission in einer Welt des Krieges sind.

„Aus meiner Not rief ich zum Herrn, und er erhörte mich", fängt er an. „Aus der Tiefe der Unterwelt schrie ich um Hilfe und du hörtest mein Rufen. ... Doch du holtest mich lebendig aus dem Grab herauf, Herr, mein Gott. ... Mein Gebet drang zu dir ... Ich aber will dir opfern und laut dein Lob verkünden."

Jeder Vers zeigt, wie Gott Jonas Schrei erhört hat. Jetzt freut sich Jona und verspricht, Gott in jeder Hinsicht zu vertrauen. Er werde treu sein, sagt er. Er landet am Ufer und beeilt sich, ins feindliche Gebiet zu kommen, um den Menschen des Herrschaftssystems Gottes Botschaft von Bußfertigkeit und Gewaltfreiheit zu predigen.

Viele Verse aus diesem ersten Akt fallen ins Auge. Ich mag diesen einen besonders:

„Wer nichtige Götzen anbetet, der handelt treulos" (Jona 2,9), der verlässt seine Quelle der Gnade.

Was für eine Erkenntnis! Thomas Merton zog am Ende seines Lebens – ebenso wie William Stringfellow – den Schluss: Götzenanbetung ist die Quelle aller unserer Schwierigkeiten. Wir setzen unser Vertrauen in Gewehre, Bomben, Drohnen, Nuklearwaffen, Geld, Konzerne und ins Imperium, aber nicht in den lebendigen Gott. Wegen der Götzenanbetung verlassen wir die Quelle der Gnade. Wir wenden uns vom Gott der Gnade ab und weisen Gottes Gnade zurück: Gnade uns selbst gegenüber, Gnade anderen gegenüber, Gnade unseren Feinden gegenüber, Gnade der Schöpfung und allen Geschöpfen gegenüber. Gott bleibt gnädig, aber wir weisen seine Gnade zurück.

Es ist erstaunlich, dass Jesus aus all den Hunderten von Geschichten und Büchern in der hebräischen Bibel gerade die Geschichte von Jona zitiert. Er setzt sich mit Jona gleich und sagt der Menge, das einzige Zeichen, das er ihnen anbieten könne, sei „das Zeichen des Jona". Auch Jesus war ganz am Boden und er war drei Tage im Bauch des Todes, bevor er auferstand, um Gottes Friedensauftrag zu überbringen. Die

Vorstellungskraft Jesu und seine Identifikation mit Jonas sind es wirklich wert, dass man darüber genau nachdenkt.

Megan McKenna gibt allen Lesern der Heiligen Schrift folgenden Rat: Sie sollten sich fragen: „Was berührt mich, überrascht mich, regt mich an und fordert mich heraus? Wo bin *ich* in der Geschichte? Was sagt mir Gott durch diese Geschichte?" Wenn wir den ersten Teil lesen, können wir fragen: „Wann hat Gott zu mir gesprochen? Welchen Auftrag hat Gott für mich? Was soll ich nach dem Willen Gottes dem Imperium des Krieges sagen? Wie reagiere ich darauf? Wann bin ich vor Gottes Auftrag davongelaufen? Was geschah, als ich das tat? Bin ich auf meiner Flucht vor Gott jemals am Boden gewesen? Wie finde ich Gott, wenn ich am Boden bin? Was veranlasst mich, mich im Gebet wieder Gott zuzuwenden? Wie kann ich mit der Arbeit an Gottes Friedensmission anfangen und weiterkommen und das Imperium des Krieges zur Umkehr aufrufen?"

„Mach dich auf den Weg und geh nach Ninive, in die große Stadt, und droh ihr (das Strafgericht) an!"

In Teil Zwei unserer Geschichte schickt Gott Jona auf Friedensmission ins Herz des brutalen Imperiums, ebenso wie Gott später Johannes den Täufer und dann Jesus auf solche Missionen schicken wird. Jesus wird dann seine Jünger und uns zu dieser heiligen Mission aussenden. Offensichtlich arbeitet Gott auf diese Weise. Gott schickt gerne Friedensboten – wie ein gut ausgebildetes PR-Team – mit einer starken Botschaft der Gewaltfreiheit in die Kultur des Krieges und der Herrschaft. Das bedeutet, dass Gott ein Organisator von Bewegungen ist. Gott ergreift Chancen, agitiert für „Abrüstung" in der Gesellschaft, lässt nicht locker und bleibt hoffnungsvoll. Angesichts dieser Geschichte, der Evangelien und unserer gotterbärmlichen Zeiten wird Gott ganz gewiss wollen, dass diese Mission fortgesetzt wird.

Im ersten Satz des Markus-Evangeliums wird uns ein Zitat aus Jesaja mitgeteilt: „Ich sende meinen Boten vor dir her …

Eine Stimme ruft ..." Johannes der Täufer geht und fordert Bußfertigkeit. Nachdem Johannes verhaftet worden ist, übernimmt Jesus dort, wo Johannes hatte aufhören müssen. Er geht durch das gesamte besetzte Palästina und verkündet: „Die Zeit ist erfüllt, die Herrschaft Gottes ist nahe. Kehrt um und glaubt an das Evangelium." Schließlich sendet Jesus seine Jünger zur Verkündigung der Gottesherrschaft des Friedens als Friedenspropheten aus.

Wir wollen jetzt zu Jonas berühmter Geschichte zurückkehren und uns an unsere Pflicht erinnern, diese Tradition der öffentlichen Verkündigung von Gottes Botschaft von Frieden und Gewaltfreiheit weiterzuführen.

Wie wir im ersten Akt gesehen haben, rannte Jona vor Gott davon und leistete Widerstand gegen Gottes Auftrag. Aber als er im Bauch des Wals völlig am Boden war, kam er wieder zu Verstand, begriff, wie Gott ihn beschützte, dankte ihm und nahm seinen Auftrag eifrig in Angriff. Er betete einen Dankespsalm und machte sich an die Arbeit – er marschierte durch die große Stadt des brutalen Imperiums und forderte Bußfertigkeit und Gewaltfreiheit.

Es folgt der Text des zweiten Akts aus dem Buch Jona:

Jona begann, in die Stadt hineinzugehen. Er ging einen Tag lang und rief: Noch vierzig Tage und Ninive ist zerstört! Und die Leute von Ninive glaubten Gott. Sie riefen ein Fasten aus und alle, Groß und Klein, zogen Bußgewänder an. Als die Nachricht davon den König von Ninive erreichte, stand er von seinem Thron auf, legte seinen Königsmantel ab, hüllte sich in ein Bußgewand und setzte sich in die Asche. Er ließ in Ninive ausrufen: Befehl des Königs und seiner Großen: Alle Menschen und Tiere, Rinder, Schafe und Ziegen, sollen nichts essen, nicht weiden und kein Wasser trinken. Sie sollen sich in Bußgewänder hüllen, Menschen und Tiere. Sie sollen laut zu Gott rufen und jeder soll umkehren und sich von seinen bösen Taten abwenden und von dem Unrecht, das an seinen Händen klebt. Wer weiß, vielleicht reut es Gott wieder und er lässt ab von seinem glühenden Zorn, sodass wir nicht zugrunde gehen. Und Gott sah ihr Verhalten; er sah, dass sie umkehrten und sich von ihren bösen Taten abwandten. Da reute Gott das Unheil, das er ihnen angedroht hatte, und er führte die Drohung nicht aus. (Jona 3,4-10)

Ich liebe diese Geschichte, weil sie das erstaunliche Bild eines gewalttätigen Volkes liefert, das, als es die Botschaft des Propheten von der Gewaltfreiheit hört, sofort seine Gewalttätigkeit bereut. Nirgendwo sonst gibt es eine Geschichte wie diese. Was vollkommen unmöglich zu sein scheint, wird uns als möglich dargestellt – in der Tat: als Wirklichkeit. Das eröffnet uns ein Bild von dem, was geschehen könnte.

Und tatsächlich glaube ich, es ist möglich. Ganz gewiss ereignete es sich 1947 in Kalkutta in Indien, zwei Wochen nach der Erklärung der Unabhängigkeit. Die ganze Stadt wurde von Gewalt und brutalen Tötungen heimgesucht. Mahatma Gandhi aber zog in das Haus eines Moslems ein, kündigte an, dass er bis zum Tod fasten werde, und rief öffentlich zur Beendigung des Tötens und zu einem neuen Geist der Gewaltfreiheit auf. Innerhalb von Tagen hörten der Aufruhr und das Morden auf. Millionen Menschen bereuten ihre Gewalttätigkeit. Es war eines der erstaunlichsten – und dabei kaum erwähnten – Ereignisse in der Geschichte der Moderne.

Warum nahmen sich die Menschen von Ninive – und sogar der König, ganz zu schweigen vom armen Vieh – plötzlich Jonas Botschaft zu Herzen und bereuten ihre Gewalttätigkeit? Wie kann es sein, dass sie ihm alle glaubten, ein Fasten ausriefen, sich in Sack und Asche kleideten und Gott laut um Gnade anflehten? Diese Frage hat sich jeder Organisator einer Bewegung von Jona über Jesus bis Gandhi gestellt. Wie wecken wir Menschen der Gewalt und Angehörige des Herrschaftssystems auf, damit sie ihre Gewalttätigkeit lassen und Gottes Gewaltfreiheit annehmen?

Ich kann mir nicht vorstellen, dass Präsident Barack Obama, seine Regierung, der Kongress, der Oberste Gerichtshof, das Pentagon und die Medien sich voller Reue über unsere Todsünde des Krieges, der Gewalt der systembedingten Ungerechtigkeit und dafür, dass sie ein Atom-Imperium sind, in Sack und Asche kleiden, wie der König und die Menschen in Ninive es getan haben. Aber genau so eine dramatische Veränderung erhofft sich der Gott des Friedens. Und die kann sich nur ereignen, wenn wir dem Gott des Friedens zuhören, wenn er uns dazu auffordert, uns eine Vorstellung vom Frieden zu machen, und wenn wir öffentlich zu Umkehr und Gewaltfreiheit aufrufen.

Ebenso schwer kann ich mir vorstellen, dass unsere religiösen Führer eine solche Bußfertigkeit an den Tag legten, obwohl das meiner Meinung nach ein guter Anfang wäre. Wenn alle religiösen Führer in den USA fasteten, beteten und sich in Sack und Asche kleideten, um für die sozialen Sünden Buße zu tun – den Skandal um sexuelle Misshandlung und ihre Verschleierung, unsere Unterstützung des Krieges, unseren Rassismus, Sexismus, Gewalt und Gier, unsere Atomwaffen, unseren Mangel an Glauben, unsere Zurückweisung von Gottes Gewaltfreiheit usw. –, vielleicht würde Gott sich dann unser erbarmen. Wir könnten unsere Lebensweise verändern, die Kirche könnte neu beginnen – und zwar mit einer neuen Verpflichtung zur Gewaltfreiheit – und wir könnten neue Hoffnung auf Frieden schöpfen.

Aber auch wenn unsere politischen und religiösen Führer nicht Buße tun können, so können doch wir es tun. Veränderung geschieht immer von unten nach oben. Die Menschen von Ninive bieten ein noch nie dagewesenes Beispiel für soziale Buße als Reaktion auf soziale Sünde. Sie sind uns ein Vorbild für eine Reaktion der Nation auf Gottes Botschaft und

Boten. Die Geschichte von Jona und den Menschen von Ninive lädt jeden Amerikaner dazu ein, besonders Amerikas Kriege und seine Gewalt zu bereuen. Die Geschichte ist eine Einladung, zu fasten, zu beten, sich in Sack und Asche zu kleiden und Gott um Erbarmen zu bitten.

Anfang August gedenken in jedem Jahr viele von uns im ganzen Land der Bombardierung von Hiroshima und Nagasaki mit Atombomben durch die USA und wir denken an unser fortgesetztes Engagement bei der Vernichtung Hunderttausender Menschen. Am 4. August werde ich noch einmal mit Freunden unsere kleine Friedenswache in Los Alamos in New Mexico abhalten, dem Geburtsort der Bombe und dem Zentrum des gesamten US-Atomwaffenarsenals und seines fortdauernden nuklearen Terrorismus.

Im zehnten Jahr in Folge werden wir uns gegen die Todsünde der US-Kriegsführung und gegen die Produktion von Atomwaffen aussprechen und beten, besonders angesichts der weltweit herrschenden Armut und Umweltzerstörung. Wir werden 30 Minuten schweigend in Sack und Asche sitzen, den Himmel bestürmen und den Gott des Friedens um das Geschenk der nuklearen Abrüstung und die Bekehrung unserer Gesellschaft zur Gewaltfreiheit anrufen.

Das zu tun ist seltsam. Es ist keineswegs so, als ginge man zu einer fröhlichen Versammlung, einer interessanten Tagung, einem aufregenden Marsch, einer aufwieglerischen Kundgebung oder einem Benefiz-Konzert für Frieden. Das hier ist ein Akt sozialer Reue, etwas, das ziemlich selten ist. Aber wenn die Leute von Ninive im Zentrum des bösen Imperiums umkehren konnten, vielleicht können auch wir es. Wenn wir aufrichtig sind, wird sich Gott vielleicht unser erbarmen und uns das Geschenk der Abrüstung machen.

Das erste Mal, als wir uns dort zum 60. Jahrestag der US-Atombombardierung von Hiroshima versammelten, hoben wir besonders die Tatsache hervor, dass die Ruinen der großen Stadt Ninive im heutigen Mosul im Irak liegen. Diese

Stadt haben die Vereinigten Staaten mit Bomben ausgelöscht. Wir haben dort viele Menschen getötet und sogar abgereichertes Uran über ihnen abgeworfen. Wir haben das Vieh getötet und die überlebenden Kühe gebaren entstellte Kälber. Das hat unser Land genau an dem Ort getan, an dem einst Ninive gestanden hat. Was muss Gott wohl davon halten?

Unser Imperium hat die bösen Taten des Imperiums von Ninive weit übertroffen. Jetzt bedrohen wir die gesamte menschliche Rasse und die Schöpfung an sich.

Akt Zwei drängt uns dazu, uns in der Öffentlichkeit für Abrüstung und Gerechtigkeit auszusprechen, wie Jona es getan hat. Er drängt uns, unsere Gewalttaten zu bereuen und uns auf Gottes Weg der Gewaltfreiheit zurückzubegeben, wie es das Volk von Ninive getan hat.

Ich denke, der Gott des Friedens will, dass Menschen des Glaubens und Gewissens Jonas Mission, sich öffentlich für Abrüstung und Gerechtigkeit auszusprechen, wieder aufnehmen. Und ich glaube auch, dass der Gott des Friedens will, dass wir von dem ‚imperialen Volk‘ von Ninive lernen und alle unsere Gewalttaten und unser Kriegeführen bereuen und uns auf Gottes Weg der Gewaltfreiheit zurückbegeben. Wir müssen Gott anrufen, dass er uns vergebe, und wir müssen geloben, von nun an Gottes Gewaltfreiheit zu praktizieren.

„Diese Episode ist ein Abbild der wilden, unmöglichen Hoffnung Gottes", schreibt Daniel Berrigan in seinem klassischen Werk *Minor Prophets, Major Themes*. „Die Wirren unserer Zeit! Die Kriege, der Zugriff auf unsere Fantasie und Energie, dem wir nicht entkommen können, Gewalt, Furcht, Gier, Götzenanbetung und Tod. Wird es jemals eine Rettung geben, ein Ende unserer Not? Und dann dieses Bild: die unmittelbare Bekehrung von Ninive! Sie ist unwahrscheinlich, ja unmöglich. Sie ist nie geschehen, sie konnte nie geschehen. Bild, Versprechen, Vision. Da steht es!" „Ninive ist ein Bild aller Völker, aller Zeiten und des Endes aller Zeiten. Richtung, Ergebnis, Nicht-Absurdität, die Zeit und wir (Gott der Chancen-Ergreifer), seht an, wie solch ein Gott eines Tages, eines unmöglichen Tages, die Zeit und uns selbst hinbekommen wird."

Unser Gott ist ein Gott der Gewaltfreiheit: Frieden stiftende Religion in einer Krieg führenden Welt

„Der Gott des Friedens kann niemals durch menschliche Gewalt verherrlicht werden." Thomas Merton

„In Jesus Christus hat Gott sich selbst entwaffnet. Gott liefert sich ohne Schutz und Waffen denen aus, die immer lauter nach Schutz und Waffen schreien. In Jesus Christus erteilt Gott der Gewalt eine Absage und natürlich tat er das einseitig, ohne dass er abgewartet hätte, dass wir als Erste unsere Waffen niederlegten."
Dorothee Sölle

„Wenn auf der ganzen Welt Gewaltfreiheit praktiziert wird, regiert Gott auf Erden, wie er im Himmel regiert." Mohandas Gandhi

Eines der einfachsten und doch tiefsten Bilder in den hebräischen Schriften stammt vom Propheten Jesaja. „Kommt, lasset uns hinaufziehen zum Berge des Herrn, zu dem Hause des Gottes Jakobs, dass er uns seine Wege lehre und wir wandeln auf seinen Pfaden; denn von Zion wird die Weisung ausgehen und das Wort des Herrn von Jerusalem. Und er wird Recht sprechen zwischen den Völkern und Weisung geben vielen Nationen; und sie werden ihre Schwerter zu Pflugscharen schmieden und ihre Spieße zu Rebmessern. Kein Volk wird wider das andere das Schwert erheben und sie werden den Krieg nicht mehr lernen." (Jesaja 2,3f.) Diese kühne Vision bringt die Aufgabe der Religion auf den Punkt: Wir sind ein Volk, das zum Berge Gottes hinaufzieht, um uns von Gott belehren zu lassen. Was geschieht, wenn gläubige Menschen Gott begegnen und auf seine Weisungen hören? Sie beginnen sofort mit der Entwaffnung. Sie schmieden ihre Schwerter zu Pflugscharen und ihre Spieße zu Rebmessern. Sie schwören für immer dem Krieg ab. Sie nehmen Gewaltfreiheit als Lebensweise an. Sie gehen von nun an ihr Leben lang auf Gottes Friedenswegen.

Anders gesagt: Ihr Leben wird auf den Kopf gestellt.

Ich glaube, dass der Mittelpunkt unserer religiösen Erfahrung sowohl persönlich als auch als Gemeinschaft eine dauernde Bekehrung zum Leben in Gewaltfreiheit ist. Wenn wir uns selbst überlassen sind, dann geben wir der Gewaltkultur, der Ungerechtigkeit und dem Herrschaftssystem mit seinen Waffen nach. Wenn wir Gott begegnen, werden unsere Herzen entwaffnet und wir werden zu Werkzeugen von Gottes entwaffnender Liebe.

Friedenstiften bekommt für uns Priorität.

Wenn wir uns die Menschheitsgeschichte und die blutigen Schlagzeilen ansehen, finden wir jedoch, dass im Großen und Ganzen die Weltreligionen keineswegs Frieden, Abrüstung oder Gewaltfreiheit fördern. Nur allzu oft zetteln sie einen Krieg an. Sie spornen Menschen zu tief wurzelndem Hass an. Sie liefern eine Ideologie für das Töten. In jedem Krieg finden wir auf allen Seiten religiöse Parteien, die vor der Schlacht um Gottes heiligen Segen bitten. Für mich macht die Unfähigkeit der Religionen – darunter und vor allem christlicher Konfessionen –, Gewaltfreiheit und Abrüstung zu fördern, unser grundlegendes menschliches Versagen aus.

Ich glaube, dass Gewaltfreiheit im Zentrum jeder Religion liegt, weil zuallererst und vor allem Gewaltfreiheit im Herzen Gottes liegt. In jeder der großen Religionen entdecken wir die Wurzeln der Gewaltfreiheit. Im Römischen Katholizismus sehen wir sie in Dorothy Day verkörpert, im Judentum in Abraham Heschel, im Hinduismus in Mohandas Gandhi, im

Islam in Khan Abdul Ghaffar Kahn, im Buddhismus in Thich Nhat Hanh und bei den Baptisten in Martin Luther King Jr., ganz zu schweigen von Jains, Sikhs, Bahai', Shinto, der Gesellschaft der Freunde (Quäker) und dem indigenen amerikanischen und afrikanischen sowie dem zoroastrischen Friedensglauben.

Ein gläubiger Mensch zu sein bedeutet letzten Endes, den Gott der Gewaltfreiheit anzubeten, um entwaffnet zu werden und um mit der eigenen Gegenwart die Welt zu entwaffnen. Ein Volk des Glaubens zu sein bedeutet, ein Volk zu sein, das den Gott der Gewaltfreiheit liebt. Die Gewalt in unserer Welt weist ebenso wie die Gewalt in unserem Innern auf unseren weitverbreiteten Mangel an Glauben hin. Die Zeit ist gekommen, dass wir ans Reißbrett, an die Wurzeln unserer Religionen, zurückgehen und die Frage der Gewaltfreiheit erforschen. Wir können nicht noch länger einfach nur herumsitzen und grübeln. Zu viele Menschen sterben. Wir alle müssen die schwierige Lehre der Gewaltfreiheit in unserem Leben und in unseren Religionen in die Tat umsetzen.

1. Das Evangelium der Gewaltfreiheit in die Tat umsetzen: ein persönliches Zeugnis

Viele Jahre lang habe ich als Jesuitenpriester die Frage von Gewalt und Gewaltfreiheit als die wichtigste religiöse Frage unserer Zeit verfolgt. Ich habe mit Obdachlosen und Armen in Washington, D.C., New York City, El Salvador, Guatemala und Haiti gelebt und gearbeitet. Ich habe ‚Frieden schaffen' [peacemaking] gelehrt, darüber gepredigt, Lobby-Arbeit mit Regierungsbeamten gemacht und im Allgemeinen Christen dazu gedrängt, dem Weg der Gewaltfreiheit zu folgen. Zwar bin ich dabei geblieben, doch hat mich der Gedanke beunruhigt, dass mein ‚Frieden schaffen', um Bonhoeffer zu paraphrasieren, „billige Gewaltfreiheit" und nicht die „teure Gewaltfreiheit" des Kreuzes sei. Ich bin immer nur im Hintergrund geblieben und höre doch die biblischen Gebote der Gewaltfreiheit, die mich auffordern, tiefer in das Leben des dem Evangelium entsprechenden ‚peacemaking' einzudringen, neue Risiken auf mich zu nehmen, wie Jesus es tat, und die Folgen zu akzeptieren, komme, was wolle.

Ich lese die Evangelien und entdecke, dass die Schriften nicht eindeutiger sein könnten: „Du sollst nicht töten!", „Stecke dein Schwert in die Scheide!", „Suche Gerechtigkeit!", „Vergib siebenmal siebzig Mal!", „Sei ebenso barmherzig wie Gott!" Und vor allem: „Liebe deine Feinde!"

Ich wollte mit biblischer Gewaltfreiheit experimentieren und sehen, ob ich meinen Feinden dadurch Liebe erweisen könnte, dass ich versuchte, die Vorbereitungen aufzuhalten, die mein Land traf, um sie zu töten. Am 7. Dezember 1993 ging ich nach wochenlangen Gebeten mit drei Freunden auf die *Seymour Johnson Air Force Base* in Goldsboro, North Carolina, USA, mitten durch die Kriegsspiele im großen Stil. Im Geiste von Jesajas Vision hämmerte ich auf einen Jagdbomber vom Typ F15 ein. Die F15 führen die US-Air-Force-Tötungsmaschine an. Sie bombardierten Zehntausende von Irakern im Golfkrieg, standen bereit, um Bosnien zu bombardieren, und können mit Kernwaffen ausgerüstet werden. Sofort wurden wir von Hunderten von US-Soldaten umringt, die mit Maschinengewehren auf uns zielten. „Wir sind unbewaffnet und friedlich", sagte ich. „Wir wollen euch keinen Schaden zufügen. Wir sind einfach nur hier, um diese Todeswaffe abzurüsten." Wir wurden verhaftet und acht Monate ins Gefängnis gesperrt. Wir hatten wegen unserer konfrontativen Gewaltfreiheit zehn Jahre Gefängnis vor Augen. All die langen Monate hindurch gingen meine Freunde und ich niemals hinaus. Wir überstanden die monotone Zeit, indem wir täglich viele Stunden lang in den Schriften lasen, miteinander beteten und gemeinsam die Eucharistie feierten (mit Brotresten und Traubensaft). Zwar waren die Gefängnisse bedrückend, aber wir fühlten uns gesegnet. Gott verließ uns nicht. Tatsächlich schien Gott niemals mehr auf unserer Seite gewesen zu sein.

Diese Aktion, die Verhandlungen und der Gefängnisaufenthalt waren für mich schwierig und schmerzhaft. Mein Leben wurde vollkommen auf den Kopf gestellt. Aber die Aktion und ihre Folgen waren auch eine große Gnade. Für mich war es eine sakramentale Erfahrung, ein Glaubensakt. Wir handelten nicht gewalttätig, sondern friedlich und andächtig, um für nukleare Abrüstung zu begeistern. Meine Freunde fragten: „Was hat das nun bewirkt?" Ich antwortete: „Wie jede sakramentale Erfahrung kann auch diese nicht an den Ergebnissen gemessen werden. Wir haben nur einfach versucht, unsere Religion in die Praxis umzusetzen, der Führung durch die Schrift zu folgen und den Kriegsgöttern unserer Kultur die Anbetung zu verweigern: Wir haben versucht, dem Gott des Friedens gehorsam zu sein."

2. Ausgangspunkt
ist eine Welt voller Gewalt

Religion muss ihre Suche nach Gott vom Grundzusammenhang der gesamten Welt, von der Gewalt aus beginnen. Unsere Welt gibt sich Gewalt und Tod hin. Wir haben unsere Welt über alle Vorstellungen hinaus aufgerüstet und dem Ende des Kalten Krieges zum Trotz unterhalten wir weiterhin Kernwaffen, die Milliarden von Menschen töten und den Planeten zerstören können. Inzwischen werden zurzeit fünfunddreißig Kriege geführt und mehr als 40.000 Kinder verhungern täglich in der Welt. Während die Supermächte – angefangen von meiner eigenen imperialistischen Nation – jährlich Milliarden ausgeben, um ihre Todes-Arsenale zu unterhalten, schmachten Milliarden Menschen in der Dritten Welt in Armut und sterben.

Anstatt sich vollkommen für die Abschaffung von Krieg und Herrschaft einzusetzen, hat die Religion sehr oft ihren eigenen Beitrag zum Gemetzel geleistet. Wir werden durch Jahrtausende voll von Krieg, der im Namen Gottes geführt und von jeder verfügbaren religiösen Autorität gesegnet wurde, derartig einer Gehirnwäsche unterzogen, dass die meisten Menschen, darunter viele Theologen und Religionsführer, weiterhin die Massentötungen des Krieges und die unterdrückerische wirtschaftliche Ungerechtigkeit der weltweiten Armut im Namen Gottes rechtfertigen. Religion hat die Gewalt so sehr in ihre Kultur aufgenommen, dass sie sehr oft zu *dem* legitimierenden Faktor der durch das System gegebenen Gewalt geworden ist. Tatsächlich wurde Gewalt, wie der Theologe Walter Wink in seiner glänzenden Untersuchung *Engaging the Powers* schreibt, zur grundlegenden Religion der Menschheit:

„Gewalt ist das Ethos unserer Zeit. Sie ist die Spiritualität der modernen Welt. Der Gewalt wurde die Stellung einer Religion eingeräumt, die von ihren Anhängern absoluten Gehorsam bis in den Tod verlangt. Ihre Unterstützer sind sich jedoch nicht bewusst, dass die Verehrung, die sie der Gewalt erweisen, eine Form religiöser Frömmigkeit ist. Gewalt ist gerade darum als Mythos so erfolgreich, weil sie nicht im Mindesten als mythisch erscheint. Gewalt scheint einfach das Wesen der Dinge zu sein. Sie ist das, was funktioniert. Sie ist der unvermeidliche, letzte und oft auch erste Ausweg aus Konflikten. Mit gleichem Eifer greifen sowohl Linke als auch Rechte, religiös Liberale ebenso wie religiös Konservative zum Mittel der Gewalt.
Allein die Androhung von Gewalt, so glaubt man, könne mögliche Angreifer abschrecken. Sie hat uns fünfundvierzig Jahre lang ein Gleichgewicht des Schreckens gesichert. Wir haben gelernt, darauf zu vertrauen, dass uns die Bom-

be Frieden beschert." (Walter Wink, *Engaging the Powers,* Minneapolis, Fortress Press, 1992, pp. 26, 13).[24]

Da Gläubige in aller Welt mit der Frage nach der Gewalt ringen, müssen wir gleich am Anfang bekennen, dass die Religion zu dem Aderlass angetrieben hat. Wenn wir jemals der Gewalt abschwören und den Weg der Gewaltfreiheit annehmen sollen, müssen die Weltreligionen ihre Komplizenschaft mit Krieg und Ungerechtigkeit bereuen und jede Verbindung, Billigung und Legitimierung von Gewalt zurückweisen.

Seit den Kreuzzügen im Mittelalter bis hin zu den Aufrufen religiöser Führer aller Seiten in allen Nationen während des Golfkrieges 1991 „zum Schutz" ist die Förderung von Gewalt ein integraler Teil des religiösen Lebens. Wir müssen unsere Hingabe an Gewalt und die Häresie und Blasphemie einer derartigen Komplizenschaft erkennen und eine Kehrtwendung vollziehen. Eine solche Umkehr wird religiöse Gemeinschaften nicht nur Millionen an Mitgliedsbeiträgen kosten und ein dramatisches Abnehmen der Teilnahme an Gottesdiensten bewirken, sondern vielleicht wird sie sogar einige religiöse Gemeinschaften das Leben kosten. Aber diese Umkehr wird der Anfang einer Wahrhaftigkeit sein, nach der wir uns alle tief in unserem Innern sehnen. Das Erkennen und die Zurückweisung unserer religiösen Rechtfertigung von Gewalt wird mehr als alles andere den Weltreligionen neues und bedeutsames Leben einhauchen.

---

[24] [*Engaging the Powers.* Discernment and Resistance in a World of Domination, Philadelphia 1992: Dieses Werk war Abschluss einer Trilogie (*Naming the Powers.* The Language of Power in the New Testament, Philadelphia 1984; *Unmasking the Powers.* The Invisible Forces that Determine Human Existence, Philadelphia 1986) zum Thema eines modernen Verständnisses der biblischen Redewendung „Mächte und Gewalten". Wink hat seine in dieser Trilogie erarbeiteten Erkenntnisse 1998 zusammengefasst in dem Buch „*The Powers That Be. Theology for an New Millenium*", das seit 2014 unter dem Titel „*Verwandlung der Mächte. Eine Theologie der Gewaltfreiheit*" auf deutsch vorliegt: Hg. von Thomas Nauerth und Georg Steins, Regensburg: Pustet 2014.]

3. Wir stellen uns Gott
wieder als einen Gott des Friedens vor

Wenn wir zur verrückten Gewalt der Welt durchstoßen und die Teilhabe unserer Religion an Gewalt untersuchen, müssen wir früher oder später eine Antwort auf die letztgültige religiöse Frage finden: Was hat Gott mit der Gewalttätigkeit des Menschen zu tun? Wenn Gott ein Gott der Gewalt ist, der Menschen so schafft, dass sie einander töten, dann bietet Religion keine Hoffnung, keine Erlösung und keinen Ausweg aus der Abhängigkeit des Menschen von Gewalt.

Wenn unser Gott, unser religiöser Glaube an Gott, keine Möglichkeit bietet, dieses weltweite Schlachthaus zu verwandeln, dann hat unser Gott, unsere Religion, nichts zu bieten. Dann ist unsere Religion tot.

Wenn andererseits unser Gott ein Gott der Gewaltfreiheit ist, sich heftig der Gewalt in allen ihren Formen widersetzt und uns alle für ein friedliches Leben im Geist der Gewaltfreiheit geschaffen hat, dann sind die Weltreligionen weit von ihrer Aufgabe abgeirrt.

Nichtsdestoweniger haben sie das Potenzial, die Menschheit von ihrer Gewalttätigkeit weg und zu einer neuen Welt der Gewaltfreiheit hinzuführen. Wenn die Weltreligionen Gottes Weg der Gewaltfreiheit lehrten und ihn selbst einschlügen, könnten sie die Menschheit zu einer nie für möglich gehaltenen Welt voller Frieden, Gerechtigkeit und Menschenwürde – dem Himmel auf Erden, hier und jetzt – bekehren.

Ich bin davon überzeugt, dass alle großen Religionen in gewaltfreier Liebe und Frieden verwurzelt sind.

Besonders das Christentum besteht darauf, dass Gott ein Gott der Gewaltfreiheit sei. Wir Christen glauben, dass Gott in Jesus als ein Gott der Liebe zu Gottes Feinden offenbart worden ist, ein Gott der die gesamte Menschheit bedingungslos liebt, der die Sonne über Gute und Böse aufgehen und über Gerechte und Ungerechte regnen lässt, ein Gott, der lieber stirbt, als dass er Leiden und Tod über irgendjemanden brächte. In den Evangelien wird verkündet, dass Gott der Menschheit in Jesus einen Weg aus ihrer schlimmen Lage anbietet, nämlich den Weg aktiver Gewaltfreiheit. Jesus lehrte den Weg der Gewaltfreiheit und gab selbst das Beispiel dafür. Immer wieder ruft er uns auf, Gewaltfreiheit als Lebensweise zu praktizieren. Zwar haben wir Christen diesen Ruf Jahrhunderte lang zurückgewiesen, aber er hat immer noch Bestand. Die Tür bleibt offen.

Angesichts der weltweiten Gewalt müssen wir uns im Lichte der Geschichte Jesu fragen: Wie sieht unser Gottesbild aus? Wir haben Gott nach unserem Bilde geschaffen: gemein, gewalttätig, grausam, rachsüchtig, zornig, wie der Krieg: allmächtig und imperialistisch. Wir glauben, Gott wäre ein Gott des Krieges und der Ungerechtigkeit, Gott wollte, dass Menschen leiden, Gott segnete Armut und die Ungerechtigkeit des Systems. Stattdessen offenbart uns Jesus, dass Gott ein Gott des Friedens, der Liebe und des Mitgefühls ist, dass Gott sich aktiv Kriegen und Ungerechtigkeit widersetzt und versucht, Welt und Menschheit gewaltfrei umzuwandeln. Jesus zerbricht die falschen Bilder von Gott als einem gewalttätigen, Krieg führenden, wütenden, zornigen, rachsüchtigen, zerstörerischen und gemeinen Gott, einem Gott der Kernwaffen, einem Gott, der uns töten will. Jesus offenbart Gott als den Gott der Gewaltfreiheit.

Da immer mehr Menschen die herkömmliche Auffassung von Gott zu hinterfragen beginnen und Gewaltfreiheit in der Tradition von Mohandas Gandhi, Martin Luther King und Dorothy Day aus der *Catholic Worker*-Bewegung praktizieren, erfahren sie Gott nicht als einen Gott der Ausübung von Herrschaft, sondern als einen Gott der Verwundbarkeit, nicht als einen Gott der Macht, sondern der Ohnmacht, nicht als einen Gott des Imperiums, sondern des Kreuzes, nicht als einen Gott der Unterdrückung, sondern der Befreiung, nicht als einen Gott der Furcht, sondern der Liebe, nicht als einen Gott der Rache, der uns in die Hölle werfen will, sondern des Mitgefühls, der sich danach sehnt, uns in Seinem Imperium der Gnade willkommen zu heißen, nicht als einen Gott des Todes, sondern des Lebens, nicht als einen Gott des Krieges, sondern des Friedens.

4. Aktive Gewaltfreiheit: die religiöse Antwort auf Gewalt

Dr. Martin Luther King sagte am Vorabend seiner Ermordung in einer überfüllten Kirche: „Wir haben nicht mehr die Wahl zwischen Gewalt und Gewaltfreiheit, sondern nur noch zwischen Gewaltfreiheit und Nichtexistenz." Für King ist Gewaltfreiheit der einzige Ausweg aus der selbstmörderischen Abhängigkeit der Menschheit von der Gewalt. Das erklärte er 1963, als er den Friedensnobelpreis bekam:

„Gewaltfreiheit ist die Antwort auf die entscheidenden politischen und moralischen Fragen unserer Zeit. Menschen müssen Unterdrückung und Gewalt überwinden, ohne dass sie selbst zu Unterdrückung und Gewalt greifen … Gewaltfreiheit ist keine unfruchtbare Passivität, sondern eine mächtige moralische Kraft, die zu sozialem Wandel führt. Früher oder später werden die Menschen in aller Welt den Weg eines friedlichen Zusammenlebens entdecken müssen. … Wenn das erreicht werden soll, müssen die Menschen eine Methode für den Umgang mit allen Konflikten untereinander entwickeln, eine Methode, die Rache, Aggression und Vergeltung zurückweist. Das Fundament einer solchen Methode ist die Liebe." (James Washington, *A Testament of Hope: The Essential Writings of MartinLuther King, Jr.*, San Francisco, Harper & Row, 1986, pp. 224-225.)

Dr. King lehrte, dass Gewaltfreiheit nicht nur eine praktische Taktik sei (obwohl sie tatsächlich funktioniert!): Sie ist eine religiöse Pflicht. Gott gebietet uns, Menschen zu sein, die von bedingungsloser Liebe erfüllt sind. Religiöse Menschen sind Menschen, die danach streben, Gott gehorsam zu sein. Wenn Gläubige Gott verehren und Gottes Wege aufsuchen wollen, müssen sie auf jede Spur von Gewalt und Komplizenschaft mit der Ungerechtigkeit des Systems verzichten und die Gewalt mit aktiver Liebe und mit Wahrheit überwinden. Gewaltfreiheit zerbricht die Gewaltspirale, indem sie die spirituelle Anwesenheit von Liebe und Wahrheit einführt, indem sie auf Gerechtigkeit und Frieden besteht und sich weigert, durch den Einsatz weiterer Gewalt, Vergeltung zu üben. Sie ist weder passiv noch zurückhaltend, sondern aktiv und provozierend.

Für mich bedeutet Gewaltfreiheit einfach, dass wir uns darauf besinnen, wer wir sind: Wir alle sind Brüder und Schwestern, alle gleichrangig, alle Söhne und Töchter des Gottes des Friedens. Wir sind alle dazu geschaffen, zu lieben und unserem Gott und einander im Geiste von Gerechtigkeit, Frieden und Mitgefühl zu dienen. Gewaltfreiheit besteht darauf, dass alles Leben heilig ist, dass kein Mensch für immer verloren ist und dass die Welt nach den Gesetzen der Gewaltfreiheit geschaffen worden ist. Aus dieser Grundwahrheit über die gegenseitige Verbundenheit allen menschlichen Lebens miteinander ergibt sich unser lebenslanger Dienst an den Armen, unser Einsatz für Gerechtigkeit, unser Widerstand gegen das Böse, Mitgefühl mit allen und unsere Gottesverehrung.

Wir könnten niemals einen anderen Menschen verletzen oder töten und noch weniger könnten wir angesichts von Kernwaffen und weltweitem Hunger schweigen. Wir lieben einander.

Für Christen ist Jesus die Inkarnation des Gottes der Gewaltfreiheit. Er dient den Bedürftigen, heilt die Kranken und lebt eine kontemplative Gewaltfreiheit, die ihn dazu drängt, gegen jede Form von Gewalt Widerstand zu leisten. Wie Gandhi zum Meer marschierte, geht Jesus auf einen revolutionären gewaltfreien Feldzug nach Jerusalem, wo er in einem Akt friedlichen zivilen Ungehorsams die Tische der Geldwechsler im Tempel umwirft, dafür verhaftet, ins Gefängnis geworfen, einem Prozess unterworfen, gefoltert und hingerichtet wird. Aber die Gemeinde bezeugt, dass Gott ihn auferweckt hat und dass er seine Jünger eingeladen hat, dieselbe Reise gewaltfreien Widerstandes anzutreten, selbst bis zu Tod und Auferstehung.

Wie der verstorbene Theologe John McKenzie erklärte: „Wenn Jesus uns irgendetwas gelehrt hat, dann ist es, wie wir sterben, nicht wie wir töten sollen."

Ein Christ in einer Welt der Gewalt sein, bedeutet, den gewaltfreien Jesus auf seinem Feldzug für Gerechtigkeit und Frieden bis zum Kreuz zu begleiten. Es bedeutet zuzulassen, dass Gott ständig unser Herz und unser Leben entwaffnet und dass er uns als Werkzeuge für seine Entwaffnung der Welt gebraucht. Das Evangelium besteht darin, dass Jesus uns allen einen Weg aus der Abhängigkeit von Gewalt anbietet. Selbst wenn wir unser Leben in seinem gewaltfreien Kampf für Gerechtigkeit und Frieden verlieren, werden wir die Fülle von Gottes Frieden in unseren Herzen und Gemeinden erfahren.

Walter Wink fasst die Bedeutung von Religion und Krieg für Christen folgendermaßen zusammen:

„Der Gott, den Jesus offenbart, enthält sich aller Formen von Vergeltungsmaßnahmen und fordert keine Opfer. Gott billigt keine heiligen oder gerechten Kriege oder Religionen der Gewalt. Nur dadurch, dass er mit Gewalt vertrieben wurde, konnte Gott der Menschheit mitteilen, dass das Göttliche gewaltfrei und dem Imperium der Gewalt entgegengesetzt ist … Jesu Botschaft offenbart, dass die, die an göttliche Gewalt glauben, noch im Sumpf von Satans Universum versunken sind. Gotteskindschaft verlangt bedingungslosen und einseitigen Gewaltverzicht. Das Imperium Gottes bedeutet die vollständige und endgültige Beseitigung jeder Form von Gewalt zwischen Einzelnen und Nationen." (*Engaging the Powers*, Fortress Press, Minneapolis, 1992, p. 149)

Während der ersten drei Jahrhunderte wurden Christen wegen ihrer aktiven Gewaltfreiheit zu Märtyrern gemacht. Als jedoch das Imperium das Christentum annahm, legten die Christen ihre Gewaltfreiheit ab und griffen zum Schwert.

Sie traten ins Militär ein und rechtfertigten den Krieg. In den letzten siebzehnhundert Jahren haben wir in jeder möglichen Form getötet, oft in heiligen Kreuzzügen, um den Namen Jesu zu verteidigen. Die Entwicklung der Kernwaffen und die mögliche Zerstörung des Planeten haben uns zum ersten Mal gezwungen, unseren Ursprung anders als bis dahin zu sehen. Zum ersten Mal seit Jahrhunderten verzichten Christen in aller Welt darauf, Krieg zu rechtfertigen, nennen die Kernwaffen götzendienerisch, streben nach Gerechtigkeit für die Armen und nehmen Jesu Weg der gewaltfreien Liebe zu allen an. An den Rändern aller Weltreligionen begeben sich Menschen auf den Weg der Gewaltfreiheit. Das ist wirklich eine „gute Nachricht", ein Evangelium für die Menschheit. Gewalt hat nicht das letzte Wort. Der Gott der Gewaltfreiheit regiert. Es gibt einen Ausweg.

5. Eine Theologie der Gewaltfreiheit

Seit Christen begonnen haben, Gewalt zurückzuweisen, dem Krieg abzusagen und Friedensstiftung als eine religiöse Verpflichtung – als das Zentrum der Religion – aufzufassen, fangen wir an, die Schrift und die herkömmliche Theologie aus der Perspektive der Gewaltfreiheit zu lesen und eine neue

Theologie der Gewaltfreiheit zu entwickeln. Die Trinität wird nun als eine Gemeinschaft von Frieden und Gewaltfreiheit, als das Vorbild für menschliche Gemeinschaft verstanden. Wir sprechen von Sünde als von Gewalt und sozialer, systemischer oder institutionalisierter Ungerechtigkeit. Der Bund vermählt Gott und Glaubende durch das Band der Gewaltfreiheit. Gnade bezieht sich nicht einfach nur auf den Einzelnen, sein Heilwerden und seine Verwandlung durch die Berührung Gottes, sondern Gnade bezieht sich auf Gottes gewaltfreie Verwandlung von Gemeinschaften, Nationen und Menschheit, beendet Kriege, reißt die Mauern der Ungerechtigkeit ein und eröffnet neue Möglichkeiten. Die Theodizee untersucht die freiwillige Annahme des menschlichen Leidens als eine Möglichkeit, das Böse umzuwandeln, und sie untersucht Gottes aktiven gewaltfreien Widerstand gegen Leiden und Unterdrückung. In diesem Licht praktiziert Gott Gewaltfreiheit, um Ungerechtigkeit zu begegnen, aber er zwingt oder drängt uns nie und übt nie Gewalt aus. Gott ist nicht „allmächtig" im herkömmlichen Sinn von Herrschaft. Gott wird als der letztgültige gewaltfreie Widerständler verstanden. Er leidet und stirbt an der menschlichen Gewalttätigkeit, aber er ruft uns immer noch in sein gewaltfreies Reich des Friedens.

Erlösung ist im Sinne dieser Theologie der Verzicht auf den weltlichen Weg von Gewalt und Herrschaft, sie ist die Aufnahme des Weges der Gewaltfreiheit und also der Eintritt in die gewaltfreie Gottesherrschaft hier und jetzt im Kampf für Gerechtigkeit und Frieden. Eine Eschatologie der Gewaltfreiheit erwartet für das Weltende keine katastrophale nukleare Apokalypse, sondern eine friedliche Umwandlung, wenn die gesamte Menschheit der Gewalt absagt und die Menschen einander in Liebe umfassen. Gottes Kommen ist gewaltfrei und voller Freude, weil die Menschheit gelernt hat, Gott im Angesicht eines jeden Menschen zu sehen, besonders dem ihrer Feinde, und versöhnt ist. Eine neue Anthropologie lehrt, dass Menschsein bedeutet, gewaltfrei zu sein, dass der Mensch geschaffen worden ist, Gott, unserem gewaltfreien Ursprung, zu gleichen. Alles das führt zu einem vollkommen neuen Verständnis von dem, was Menschsein bedeutet.

Vielleicht wird unser wichtigster Durchbruch in einer solchen neuen Theologie unsere Auffassung von Kirche sein. Eine Ekklesiologie der Gewaltfreiheit lädt die Kirche ein, eine Kirche der Gewaltfreiheit und eine Gemeinschaft der Friedensstifter zu sein. Diese Kirche weist die Theorie vom gerechten Krieg zurück und weigert sich, Krieg oder irgendeine andere Form von Ungerechtigkeit oder auch Regierungen, die Gewalt legalisieren, zu segnen. Wir werden dann zu einer Friedenskirche, einer Gemeinschaft der Liebe, die über alle Grenzen und Begrenzungen hinausgreift, um Gott im Armen und Randständigen und im Antlitz des Feindes und des Fremden zu lieben.

Eine Kirche der Gewaltfreiheit besteht auf der Gleichrangigkeit von Frauen und Männern und der Inklusion eines jeden. Auf diese Weise praktiziert sie Gerechtigkeit und Gewaltfreiheit auch innerhalb ihrer Gemeinschaft. Sie stellt sich in einem friedlichen Kampf um Befreiung an die Seite der Unterdrückten und nimmt vor allem für die Armen Partei, und zwar so, wie Jesus es tat: durch aktive Gewaltfreiheit. Sie lehrt die konsequente Ethik der Gewaltfreiheit, den „Rock ohne Naht" [Joh 19,23], und weist auf diese Weise jede Form von Gewalt zurück. Ihre Spiritualität spiegelt ein im Geiste des Friedens gelebtes Leben wider, ein Leben in kontemplativem Gebet, Abgeschiedenheit, Gemeinschaft und Vergebung. Die Gläubigen meditieren über den Gott der Gewaltfreiheit und finden sich als Einzelne entwaffnet und gemeinsam in entwaffnende, Frieden stiftende und versöhnende Gemeinschaften verwandelt.

Aus der Perspektive der Gewaltfreiheit bekommen die Sakramente ein ganz neues sozio-politisches Leben. Mit der Taufe beginnt eine unaufhörliche Hingabe an den gewaltfreien Jesus und seinen Weg der Gewaltfreiheit. Die Konfirmation bzw. Firmung bestätigt unsere Hingabe an den Weg der Gewaltfreiheit. Versöhnung heilt den Bruch zwischen uns und Gott durch Gottes Vergebung und gewaltfreie Liebe und hilft uns dabei, mehr Mitgefühl füreinander zu entwickeln. Die Eucharistie versammelt die ganze menschliche Familie um Gottes Tisch, damit sie das Wort von der gewaltfreien Liebe hört, das Versöhnungsmahl von Brot und Wein miteinander teilt und im gewaltfreien Christus ihr Leben gemeinsam feiert. Die Ehe feiert die Verpflichtung zu lebenslanger Gewaltfreiheit in Beziehung, Freundschaft und Familienleben. Die Krankensalbung bietet die heilende Liebe des Gottes der Gewaltfreiheit und leitet uns in den Frieden. Einsatzpläne für Amtsträger und Geistliche, die die Frieden stiftende Gemeinschaft lehren, fördern und auf dem Weg der Gewaltfreiheit anführen, werden aufgestellt. In der Liturgie wird das Leben der im Evangelium dargestellten Gewaltfreiheit gefeiert. Im Mittelpunkt steht der Frieden stiftende Jesus, der uns versöhnt, entwaffnet und zu Gott führt. Weil die christliche Liturgie die Gewaltfreiheit Gottes und der Gemeinschaft widerspiegelt, verurteilt sie die anhaltende Gewalt unserer Kultur, ihre Kriege und Ungerechtigkeiten, ihre Kernwaffen und den Konsumismus. Die Liturgie an sich wird zu einer Form von Widerstand gegen Krieg und Ungerechtigkeit und ein Fest von Frieden und Gerechtigkeit!

6. Die Praxis der Gewaltfreiheit

Den Gott der Gewaltfreiheit zu kennen, ihn anzubeten, zu lieben, anzunehmen und ihm zu folgen, heißt, ein Volk der Gewaltfreiheit zu werden. In der Religion geht es um Praxis, es geht darum, in einer Welt der Gewalt konkret ein Frieden stiftendes Leben zu führen. Eine Theologie der Gewaltfreiheit muss gelebt werden. Sie ist eine Theologie des Handelns. Sie verlangt von den Gläubigen im Allgemeinen, dass sie sich auf den Gott des Friedens konzentrieren, von Christen im Besonderen, dass sie den gewaltfreien Jesus begleiten und die Sympathie der Öffentlichkeit riskieren, um Krieg ein Ende zu setzen und den Planeten abzurüsten.

Gandhi sagte einmal: „Wir staunen ständig über die verblüffenden Entdeckungen auf dem Gebiet der Gewalt. Aber ich behaupte, dass auf dem Gebiet der Gewaltfreiheit Entdeckungen gemacht werden, von denen niemand zu träumen wagte und die unmöglich erschienen. Gewaltfreiheit ist die großartigste und aktivste Kraft in der Welt. Jemand, der durch seine Lebensweise Gewaltfreiheit ausdrücken kann, übt eine Macht aus, die allen Mächten der Brutalität überlegen ist. Mein Optimismus beruht auf meinem Glauben an die unendlichen Möglichkeiten des Einzelnen, Gewaltfreiheit zu entwickeln. Je mehr jemand sie in seinem eigenen Wesen entwickelt, umso ansteckender wird sie, bis sie seine Umwelt überwältigen und nach und nach vielleicht die Welt überschwemmen wird."

Die Gründerin der *Catholic-Worker*-Bewegung Dorothy Day fasste ihren Lebenskampf in den folgenden Worten zusammen: „Sobald du den Ernst der Situation erkennst – die Kriege, den Rassismus, die Armut in der Welt, die Massenvernichtungswaffen –, musst du erkennen, dass sie nicht durch Worte oder Demonstrationen verändert werden kann. Es gilt, sein Leben einzusetzen. Es gilt, sein Leben auf vollständig andere Weise zu leben."

Der Glaube an den Gott des Friedens verlangt, dass man sich als Einzelne/r und als Gemeinschaft dem Frieden verpflichtet. Er bedeutet, unser Leben lang den Samen der Gewaltfreiheit zu säen, komme, was wolle, auch angesichts von Verfolgung. Zwar ist ein solcher Glaube anspruchsvoll und konfliktträchtig, aber er bietet eine große Hoffnung. In den letzten Jahrzehnten konnten wir Beispiele dafür sehen: Erzbischof Desmond Tutu und andere Kirchenführer in Südafrika gingen in den späten 1980er Jahren auf die Straße und begingen damit gewaltfreie Akte des zivilen Ungehorsams, um gegen die Apartheid zu protestieren. Damit bereiteten sie für die dramatischen Veränderungen in ihrem Land den Weg. Daniel und Philip Berrigan und die Neun von Catonsville verbrannten 1968 ihre Einberufungsbefehle, um gegen den Krieg der USA in Südostasien zu protestieren, und stachelten damit die Öffentlichkeit zum Widerstand gegen den Krieg an. Dr. King und die afroamerikanischen Kirchen füllten die Gefängnisse in den Südstaaten der USA, um die Rassentrennung infrage zu stellen und Gerechtigkeit für alle Rassen zu erreichen. In den späten 1950er Jahren setzten sich Dorothy Day und ihre Freunde von den *Catholic Workers* auf New Yorker Parkbänke, statt sich in nahe gelegene Luftschutzräume zu begeben, um gegen die Übungen für den Luftkrieg mit Kernwaffen zu protestieren. Ihr Glaubenszeugnis stellte die Akzeptanz der Öffentlichkeit für Kernwaffen infrage und beendete die Aufführung solcher Possen. Erzbischof Oscar Romero, die Jesuiten von El Salvador und unzählige Christen Mittelamerikas protestierten in den gesamten 1980er Jahren gegen Ungerechtigkeit und Unterdrückung und gaben ihr Leben für das gewaltfreie Zeugnis für Gerechtigkeit hin. Auf den Philippinen blockierten katholische Nonnen gemeinsam mit Millionen anderer Gläubiger den Panzern den Weg, um gegen die Diktatur zu protestieren, und brachten damit mehr Demokratie in die Welt. Wenn Gläubige Gewaltfreiheit praktizieren, spiegelt ihr Leben die Gegenwart des Gottes des Friedens wider, der in der Welt wirkt, um Gewalt zu beenden und Versöhnung und Gerechtigkeit wiederherzustellen. Gläubige können tatsächlich auf dem Weg zu neuer Gerechtigkeit und zu Frieden damit vorangehen, dass sie neue Risiken der Gewaltfreiheit auf sich nehmen.

7. Die Friedensvision

Gewalt hat die Menschenfamilie so sehr geblendet, dass sie sich eine Welt ohne Krieg und Ungerechtigkeit nicht vorstellen kann. Wir nehmen Zerstörung und Töten als etwas Normales hin. Verzweiflung ist in unsere Herzen eingesickert und hat sie ergriffen.

Wenn wir jedoch die Gewalt zurückweisen und den Glauben an den Gott der Gewaltfreiheit annehmen, werden wir in die Welt gesandt, um eine neue Vision von Gottes Reich auf Erden zu verkünden. Gemeinsam halten wir die neue Vision einer gewaltfreien Welt hoch, in der es keinen Krieg, keine Ungerechtigkeit, keine Bomben, keine Handfeuerwaffen, keine Folter, keinen Rassismus, keinen Sexismus, kein Patriarchat, keine Herrschaft, keinen Ausschluss, keinen Konsumismus, keine Armut, keinen Hunger, keine Obdachlosigkeit, keine Hinrichtungen, keine Abtreibungen, keinen Terrorismus, keine Pentagons, keine Furcht, keinen Hass, keine Rache, keine Vergeltung, keine Trennung, keine Kernwaffen, weder Einäscherungen noch Konzentrationslager noch Hiroshimas und Nagasakis und überhaupt kein Töten mehr gibt. So, wie es die Offenbarung zusammenfasst: keine Tränen, kein Tod mehr [Off. 21,4].

In diesen Zeiten ein Glaubender zu sein, bedeutet, ein Mensch des Friedens und der Gewaltfreiheit zu sein. Jetzt müssen die Weltreligionen der Gewalt in der Welt mehr denn je mit aller ihrer Kraft und all ihrer Begabung und mit Gebet entgegentreten und diese neue Vision verkünden. Wir müssen Apostel der Gewaltfreiheit, Propheten der Gewaltfreiheit, Lehrer der Gewaltfreiheit, Pioniere der Gewaltfreiheit, Märtyrer der Gewaltfreiheit und Heilige der Gewaltfreiheit in die Welt hinausschicken. Gemeinsam müssen wir eine neue Reise zum Berg des Gottes des Friedens antreten, um uns die Wege der Gewaltfreiheit lehren zu lassen, Schwerter zu Pflugscharen zu schmieden und zu geloben, den Krieg nicht mehr zu lernen. Wenn wir diese Reise der Gewaltfreiheit unternehmen, werden wir entdecken, wer Gott ist und was es bedeutet, treu zu sein. Gemeinsam werden wir gesegnet sein. Gemeinsam werden wir zu Söhnen und Töchtern des Gottes des Friedens, zu Friedensstiftern.

Der Weg nach Afghanistan.
Ein Tagebuch über Wege
des Friedens

3. Dez. 2012, Dubai, Vereinigte Arabische Emirate
Der Flug von Atlanta nach Dubai hat fast 14 Stunden gedauert und ich bin erschöpft, aber aufgeregt, dass ich nach Kabul aufgebrochen bin, um mich mit den „afghanischen Friedensfreiwilligen" zu treffen. Sie sind eine breitgefächerte Gemeinschaft aus Schülern und Studenten zwischen 15 und 27 Jahren, die Frieden und Gewaltfreiheit praktizieren. Ich kam ohne Schwierigkeiten durch den Zoll, holte mein Gepäck, tauschte etwas Geld um und nahm ein Taxi, das mich durch Dubai zum anderen Flughafen brachte, wo ich jetzt 8 Stunden warten muss, bis mein Flug schließlich um 4:20 nach Kabul abgeht. Von Weitem sehe ich die berühmten Wolkenkratzer dieser reichen Stadt des Nahen Ostens; sie ist ein Mittelding zwischen Las Vegas und einem Ölzentrum. Aber in Gedanken bin ich beim verarmten, vom Krieg zerrissenen Afghanistan und bei den Hoffnungen seiner jungen Friedensaktivisten, die mich zu Besuch eingeladen haben.

4. Dez 2012. Kabul, Afghanistan
Wir stiegen über die Urlaubshotels und das Meer ins Ungewisse auf. Ich war hellwach und aufgeregt, obwohl ich die beiden letzten Tage kaum geschlafen hatte. Um 6 Uhr erschien oranges Licht am Horizont. Dann tauchte plötzlich ein gigantischer helloranger Ball auf, der sein Licht über Hunderte von Meilen majestätischer Berge ergoss.

Sonnenaufgang über Afghanistan! Die riesigen Berge gingen unendlich weiter und wir flogen fast eine ganze Stunde, bevor unter uns das kleine Tal von Kabul erschien. Daher war mein erster Eindruck von Afghanistan: atemberaubende, majestätische Schönheit, wie ich sie noch nie gesehen hatte. Fünfhundert Meilen Alpen! Von Schnee bedeckte Berge, soweit das Auge reichte.

Ich dachte gleich an Jesu Gebot: „Liebe deine Feinde!" Es war mir in all den Monaten der Vorbereitung auf diese Reise stark in Herz und Sinn gegenwärtig gewesen. Denn darin verbindet Jesus Liebe zu den Feinden mit dem Aufgehen der Sonne: „Liebe deine Feinde, dann werdet ihr Söhne und Töchter des Himmelsgottes sein, der die Sonne aufgehen lässt über Guten und Bösen." Welch ein Trost!

Ich dachte auch an Gandhis Worte: „Ein Gewaltfreier betrachtet die ganze Welt als eine Familie und deshalb fürchtet er niemanden und niemand fürchtet ihn." Diesen gandhischen Geist der Gewaltfreiheit möchte ich auf meiner Reise verkörpern und alle, die mir begegnen, als meine Schwestern und Brüder betrachten. Ich möchte Kabul und das afghanische Volk mit den Augen des Gottes des Friedens, den Augen des gewaltfreien Jesus, mit dem Blick der Liebe betrachten. Als sich das Flugzeug der Stadt näherte, empfand ich nichts als Liebe für die dort leidenden Menschen, die vom Gott des Friedens bedingungslos, unendlich und gewaltfrei geliebt werden. Was für eine Verschwendung ist es doch, dass wir in Furcht voreinander und in Hass aufeinander leben, dass wir zulassen, dass weiterhin Terror, Krieg, Drohnen, Gier und Armut herrschen, dass wir die weltweite Gewalt nicht beenden, uns nicht von den Jahrhunderten des Krieges abwenden und stattdessen Gerechtigkeit, Gleichheit und gewaltfreie Konfliktlösung institutionalisieren und in Frieden zusammenleben!

Der Reiseführer *Lonely Planet* setzt Afghanistan hinsichtlich des Wohlstandes auf den 173. Platz von 178 Nationen, das Land ist also eines der ärmsten der Erde. Es wird auch als korruptestes Land der Erde angesehen und steht hinsichtlich Kindersterblichkeit an zweiter Stelle. Ein neuer Bericht der Vereinten Nationen stellt fest, dass die chronische Unterernährung in Afghanistan zurzeit der in den am schlimmsten betroffenen Ländern in Afrika gleicht. Afghanistan hat 31 Millionen Menschen und 68 % davon sind unter 25.

Fünf Millionen Menschen leben in Kabul. Aus der Luft sieht die Stadt aus, als bestehe sie aus niedrigen braunen Gebäuden, die von braunen Mauern und braunen Straßen ohne Bäume und ohne Wasser umgeben sind. Als sich das Flugzeug der Landebahn nähert, verschwinden die gewaltigen Berge um uns und wir tauchen in eine schwere gelb-braune Schicht der Luftverschmutzung ein. Kabul, einer der ärmsten Orte des Planeten, ist zudem einer der Orte mit der am stärksten verschmutzten Luft. Man kann hier kaum atmen – auch das ist eine Hinterlassenschaft des Krieges.

Wieder kam ich durch den Zoll, nahm einen Bus vom Flughafen und wurde von den lächelnden Gesichtern junger Friedensfreiwilliger und natürlich Hakims empfangen. Hakim ist ein charismatischer 43-jähriger Arzt, Freund und Mentor der afghanischen Friedensfreiwilligen und einer der großen Friedensstifter der Welt.

Wir quetschten uns in ein Taxi und fuhren durch die Stadt. Das war ein Abenteuer, das mir die Haare zu Berge stehen ließ! Tausende von Autos mit einem Tempo von 100 Stundenkilometern. Keine Ampeln, keine Stoppzeichen und keine Regeln. Alle schreien und fahren rasend schnell und schneiden einander den Weg ab. Und durch dieses Chaos laufen Kinder!

Es kam, wie es kommen musste: Ein anderes Auto schnitt unserem Taxi den Weg ab und der Fahrer explodierte vor Wut und fuhr ihm durch ein Meer von rasenden Autos hinterher. Plötzlich war ich in *The Bourne Supremacy*.[25] Sie rasten

---

[25] [Titel eines US-amerikanischen Agententhrillers von 2004]

nebeneinander her, schrien und schnitten Gesichter – und dann, wie auf ein Stichwort, lenkten beide ihre Autos genau aufeinander zu und – krach! Wir knallten in das andere Auto. Beim anderen Auto war der Spiegel links abgerissen und die ganze linke Seite beschädigt. Aber unser Taxi war schwerer getroffen, deshalb schlingerte es vorwärts und erwischte ein Fahrrad, warf den Radfahrer in die Luft und fuhr dann über das Fahrrad. Wir hielten, alle schrien einander an, der Radfahrer stand auf und klopfte sich den Staub ab, nahm dann sein plattgefahrenes Fahrrad und alle stürzten sich wieder in das Verkehrschaos.

Gleich nachdem wir wieder zu Atem gekommen waren und uns vom Schreck erholt hatten, wandte sich Hakim mir zu und sagte lächelnd: „Willkommen in Afghanistan!"

Hakim hat vor drei Jahren den Aufbau der Gruppe *Afghanische Friedensfreiwillige*[26] gefördert und begonnen, in der Stadt Bamiyan Frieden und Gewaltfreiheit zu unterrichten. Er stammt aus Singapur und hatte für afghanische Flüchtlinge in Pakistan gearbeitet. Dann zog er nach Afghanistan und fand, dass er die Gesundheit in Afghanistan am besten fördern würde, wenn er Frieden und Gewaltfreiheit unterrichtete. Sechzehn Studenten unterschiedlicher Volkszugehörigkeit nahmen sein Angebot an und lebten ein Semester als Friedensgemeinschaft zusammen. Ihr Vorbild war Gandhis Aschram. Einige der jungen Leute, die aus verschiedenen Dörfern und Tälern stammten, bildeten die Kerngruppe. Sie studierten Gewaltfreiheit, organisierten Friedensmärsche und bauten sogar einen Friedenspark in Bamiyan. Selbstverständlich gab es Drohungen gegen Hakim und seine Studenten und dann wurde eines Tages Hakims Haus in der Stadt geplündert und angezündet. Im letzten Jahr zogen sie nach Kabul, um ihre Arbeit auszuweiten.

---

[26] http://ourjourneytosmile.com/blog/ und http://vcnv.org/videos-from-afghanistan-an-educational-resource/

Ein paar Jahre zuvor hatte Hakim an unsere gemeinsame Freundin Kathy Kelly von den *Voices of Creative Nonviolence* geschrieben und sie zu einem Besuch eingeladen. Kathy ist eine vorbildliche Friedensstifterin; sie nahm die Einladung an und kommt seitdem regelmäßig nach Afghanistan. Kathy rief mich im letzten April an, als ich in Wyoming auf Vortragsreise war, und sagte ganz sachlich zu mir: „John, du musst im Dezember nach Afghanistan fliegen. Halte dir die Zeit frei. Wir sprechen später darüber!" „Gut, Kathy", sagte ich, „wenn du es sagst." Die meisten jungen Leute kommen aus Bamiyan. Alle sind Opfer von Armut und Krieg. Sie gehen in verschiedene Schulen in der Nähe, doch in jeder anderen Hinsicht leben sie zusammen, fast in vollkommener Armut und mit wenig persönlichem Besitz. Sie organisieren auch hier in Kabul weiterhin Friedensveranstaltungen, beherbergen Menschen aus anderen Ländern und studieren Gewaltfreiheit. Unter Hakims Führung schlagen sie in einer der rauesten Kriegskulturen der Welt neue Wege zum Frieden ein.

Schließlich bogen wir in eine Seitenstraße ein und gingen auf ein unscheinbares dreistöckiges Gebäude am Ende der Straße zu. Es dient ihnen als Wohnung und Hauptquartier. Als wir drinnen waren, hießen sie mich herzlich willkommen. Wir saßen im Kreis um einen mit Holz geheizten metallenen Ofen auf dem Boden und tranken grünen Tee. Auf diese Weise heißen Afghanen ihre Gäste willkommen. Afghanistan ist wegen seiner eindrucksvollen Gastfreundschaft bekannt und die erfuhr ich also an jenem Tag. Amerikaner können von unseren afghanischen Brüdern und Schwestern das eine und andere über Gastfreundschaft lernen!

Nach 48-stündiger Reise mit wenig Schlaf fand ich eine ruhige Ecke, rollte meinen Schlafsack auf dem Fußboden auseinander und ruhte mich aus. Später aß ich mit ihnen zu Abend. Wieder saßen wir im Kreis auf dem Boden. Eine Matte wurde ausgerollt und Teller mit Bohnen, Reis und Brot wurden für alle gemeinsam hingestellt, dazu grüner Tee. Sie erzählten mir von ihrem Leben, ihrer Arbeit und ihren Hoffnungen. Im Laufe des letzten Jahres in Kabul organisierten sie neben vielen anderen Aktivitäten einen Friedensmarsch und beherbergten viele Besucher aus aller Welt. In den letzten Monaten haben sie eine Nähschule und eine Kooperative für Frauen eröffnet und mit dem Unterrichten von fünfzig kleinen Kindern angefangen. Die meisten der Kinder sind Straßenbettler. Das Gebäude ist also den ganzen Tag über voller Aktivitäten. Sie treffen sich ständig und versuchen alle Entscheidungen im Konsens zu treffen. Natürlich ist Gewaltfreiheit noch recht neu für sie und in Afghanistan ist nicht viel davon die Rede, daher bleibt es eine riesige Aufgabe für sie, von einer Gewaltkultur zur täglichen Übung von Gewaltfreiheit und gegenseitigem Respekt überzugehen. Ich bin von diesen jungen Friedensstiftern mächtig beeindruckt! Was für ein Zeichen der Hoffnung in dieser Welt der Verzweiflung!

Nach dem Abendessen kamen sie zusammen und sprachen zwei Stunden lang über den bevorstehenden Friedensmarsch und die Eröffnungszeremonie für ihre „2-Millionen-Freunde"-Kampagne. Diese ist der Hauptgrund dafür, dass ich hier bin. Ich habe vor Kurzem geschrieben, dass sie eine Website ins Leben gerufen haben. Darin heißt es: Da in den letzten vier Jahrzehnten zwei Millionen Afghanen in schrecklichen Kriegen und Besatzungen umgekommen sind – von den Sowjets in den 1980er Jahren über den Bürgerkrieg, den die „Warlords" führten (die jetzt in Regierungsämtern sind), über die Unterdrückung während der Taliban-Herrschaft bis hin zu dem US-Krieg und der jetzt elf Jahre währenden Besatzung – will die Gruppe, dass zwei Millionen Menschen aus aller Welt dieser Geschichte der Gewalt entgegenwirken, indem sie als Freunde des Volkes und der Jugend Afghanistans ihre Unterschrift leisten. Das ist ein wunderbares Unternehmen zur Friedensstiftung und ich hoffe, dass sich dem alle anschließen werden![27]

---

[27] [https://www.facebook.com/2millionfriends/]

5. Dez 2012

Ich schlief ebenso wie die jungen Leute bei einer Raumtemperatur von einem Grad unter Null auf dem Fußboden, aber die Bettdecke, die die Frauen-Kooperative genäht hatte – eine etwa 12 Zentimeter dicke Decke, die viel wärmer als eine Daunendecke ist – hielt mich erstaunlich gut warm.

„Wir wissen, wir werden die Ergebnisse unserer Arbeit für Frieden und Gewaltfreiheit nicht mehr erleben", sagte einer der jungen Leute zu mir, als wir zum Frühstück bei Tee und Brot im Kreis saßen, „aber das nehmen wir hin, denn diese Arbeit ist so wichtig." Ich bin über sie alle gerührt – ihren Geist, ihren Kampf, ihr Leiden und ihre Leidenschaft für den Frieden. Obwohl sie in dieser Woche ihre Prüfungen ablegen, haben sie sich einverstanden erklärt, sich mit mir zu Einzelgesprächen zu treffen.

Heute Morgen habe ich mich zuerst mit Faiz getroffen. Er ist ein 22 Jahre alter Student mit schwarzem Haar und Bart und hat beide Eltern und seinen Bruder durch Krieg und Armut verloren. „Dadurch, dass ich Gandhi und Gewaltfreiheit studiere", begann er, „lerne ich, gewaltfrei, transparent und ehrlich zu werden und der Wahrheit meines Lebens ins Auge zu blicken. Ich verändere mich allmählich und ich übe Druck auf mich aus, um mich zu verändern." Damit senkte er den Kopf und begann zu weinen. Hakim saß zwischen uns, um aus Dari ins Englische zu übersetzen. Das Schweigen dauerte an und auch Hakim weinte. Ihre Tränen sprachen Bände.

„Ich beobachte den Schmerz der Menschen, besonders der Kinder. Etwas muss getan werden, aber was? Unsere Gesellschaft erhebt den Anspruch, islamisch zu sein, aber das ist Heuchelei, da so viele Familien, Frauen und Kinder Hilfe brauchen. Es verwirrt mich sehr zu sehen, was im Namen des Islam geschieht. Ich erwarte nicht, dass ich noch Frieden im Land erleben werde, aber ich glaube daran, dass man versuchen muss, den Menschen dabei zu helfen, in Frieden zu leben, und ich denke, eine kleine Gruppe junger Menschen, die in einer Friedensgemeinschaft leben, sind ein guter Anfang. Die jungen Menschen müssen vollkommen neue Werte erlernen und sie dürfen nicht ihr Leben damit vergeuden, sich Geld, Macht und Ansehen zu verschaffen, wie es bisherige Generationen getan haben. Die jungen Menschen müssen innerlich wachsen, wenn es jemals Frieden geben soll, das ist ein lohnendes Ziel. Ich will dem schönen Gedanken der Gewaltfreiheit folgen. Ich habe gelernt, dass es keine Möglichkeit geben wird, unsere andauernde Gewalt loszuwerden, wenn sich Menschen ihrer Gewalttätigkeit nicht ehrlich bewusst sind, einander vergeben und lernen, wie man miteinander spricht und verhandelt. Sonst setzen sich die Kriege fort. Ich hoffe, dass ich die Gewaltfreiheit in der afghanischen Gesellschaft fördern kann."

„Das Leben in Afghanistan ist nicht gut", sagte mir der 15-jährige Ghulami als nächster. „Meine Familie lebt in furchtbarer Armut, ohne Zugang zu Bildung. Die Menschen überleben mit Mühe. Als ich größer wurde, hatte ich das Gefühl, das Leben sei sinnlos. Es gibt keine Arbeit. Wenn Hakim mich nicht hierher eingeladen hätte, wäre ich ein Schäferjunge im Gebirge. Ich bin jetzt in der 7. Klasse und ich bin glücklich, dass ich etwas lernen und eines Tages von Nutzen sein kann."

„Der Krieg hat sich auf alle Menschen in Afghanistan übel ausgewirkt", fuhr er fort. „Er verschlimmert die Armut. Die Kinder hungern. Die jungen Leute können nicht in Ruhe lernen. Es gibt keine Arbeit. Die Menschen sind durch den Krieg psychisch geschädigt. Als meine Eltern heirateten, explodierte gerade während der Hochzeit eine Bombe und verletzte viele, auch meine Mutter; seitdem ist einer ihrer Arme schlaff und schwach. Ich bin jedoch glücklich, dass ich etwas über Frieden und Gewaltfreiheit lerne. Ich lerne, dass wir alle Menschen sind und dass keiner besser als irgendein anderer ist. Ich lerne außerdem kochen und saubermachen und mit anderen in Gemeinschaft leben."

„Was bedeutet Gewaltfreiheit für dich?", fragte ich. „Gewaltfrei sein bedeutet, dass man andere nicht verletzt, dass man alle auf gleiche Weise respektvoll behandelt. Wir als Friedensfreiwillige haben einige grundlegende Prinzipien: vor allem ehrlich und wahrhaftig zueinander zu sein und zu versuchen, alle zu lieben."

Dann sagte er mit einem Lächeln: „Ich möchte das praktizieren, was Gandhi gesagt hat: ‚Einfaches Leben und hohes Denken!'"

„Was möchtest du den jungen Menschen in Amerika sagen?", fragte ich. „Wir sind alle gleich. Wir sind alle Menschen, leben unter demselben blauen Himmel und wir sollten keine Vorurteile gegeneinander haben. Wir sollten alle Freunde sein, ganz gleich, ob wir Muslime, Christen, Juden oder irgendetwas anderes sind."

„Das Leben hier ist sehr schwierig", sagte mir der 15-jährige Ali als Nächstes. „Es gibt sehr viel Leiden und viele Vorurteile. Das nimmt mir die Hoffnung. Es verspricht keine gute Zukunft. Aber diese Arbeit für Frieden und Gewaltfreiheit verändert mich. Ich entferne mich von einem Leben der Gewalt, auch wenn ich nicht die Hoffnung habe, dass ich Frieden in Afghanistan noch erleben werde. Um Frieden herzustellen, werden viele Generationen nötig sein.

Gewaltfreiheit bedeutet für mich: eine Möglichkeit zu wählen, immerzu ehrlich und liebevoll zu sein, das heißt, nicht stehlen oder betrügen oder töten. Als ich einmal zu Besuch zu Hause war, sprach ich vor einer Klasse junger Schüler über Frieden und Gewaltfreiheit und ich fühlte mich wirklich mit ihnen verbunden. Ich hoffe, ich kann das mit anderen fortsetzen. Den jungen Leuten in Amerika möchte ich sagen: Strebt nicht vor allem nach materiellen Gütern und Reichtum. Versucht, wie gewöhnliche Menschen zu leben und anderen zu helfen. Gewaltfreiheit ist die einzige anständige Lebensweise."

Nach einer Mittagspause aßen wir mit fünf jungen Ausländern, die gerade angekommen waren, zu Abend: Patrick, Emily, Ellen und Chris aus Milwaukee und Culley aus Australien. Danach gingen wir durchs Zimmer und jeder sagte ein Wort, mit dem er beschrieb, wie er sich fühlte, und dann ein paar Sätze, um zu erklären, warum er gerade dieses Wort gewählt hatte. Was für ein erhebender Kreis der Hoffnung! Wir hörten die Wörter: „friedlich", „glücklich", „begierig", „energiegeladen", „dankbar", „entspannt" und „freundlich". Ich sagte, ich sei „hoffnungsvoll" – ich gestehe, dass ich nicht erwartet hatte, in Afghanistan Hoffnung zu empfinden. „Ihr gebt mir Hoffnung", sagte ich zu dieser Friedensgemeinschaft. „Ihr träumt von einem gewaltfreien Afghanistan und arbeitet daran, diesen Traum zu verwirklichen, indem ihr euch bemüht, Menschen der Gewaltfreiheit zu sein, und indem ihr eine Gemeinschaft der Gewaltfreiheit schafft. Meine Freunde und ich in den USA träumen von einem gewaltfreien Amerika, einem Amerika ohne Krieg, Bomben, Drohnen, Gier und Atomwaffen. Auch wir versuchen, Menschen der Gewaltfreiheit zu werden. Wir arbeiten gemeinsam für eine neue gewaltfreie Welt, die wir selbst vielleicht nicht mehr erleben werden. Ihr gebt mir neue Hoffnung, diesen Kampf fortzusetzen."

6. Dez. 2012
Heute ist der zehnte Todestag meines Freundes Philip Berrigan, mit dem ich acht Monate in einer winzigen Gefängniszelle in North Carolina verbracht habe. Ich bin um 3 Uhr in der Nacht aufgewacht und habe diese ruhige Zeit mit der Erinnerung an Phil und im Gebet für Liz und ihre ganze Familie und für Frieden für unsere arme Welt zugebracht.

Die Begegnung mit muslimischen Frauen am nächsten Morgen war eine der großartigsten Erfahrungen in meinem Leben. Wir Ausländer und die meisten der Friedensfreiwilligen saßen mit 23 konservativen muslimischen Frauen der

Näh-Kooperative zusammen in einem Raum. Wir saßen alle, gegen die Wände gelehnt, auf dem Boden, und die Frauen sprachen stundenlang mit uns über ihr Leben und ihr Bettdeckenprojekt. Die afghanischen Friedensfreiwilligen bekommen Geld von den *Voices of Creative Nonviolence* und zahlen den Frauen für das Nähen dieser massiven, wunderbaren dicken Decken einen Lohn, von dem sie leben können. Dann verteilen die Friedensfreiwilligen die Decken in armen Dörfern und Flüchtlingslagern im ganzen Land; denn dort sind im letzten Jahr viele Kinder erfroren.[28] Frauen in Afghanistan verlassen nur selten das Haus, daher ist es ein mutiger Schritt, wenn sie in ein fremdes Gebäude gehen, in dem sie Ausländer treffen, um dort ein Handwerk zu lernen. Sie hoffen, dass sie ihr eigenes Geschäft eröffnen und die Decken verkaufen können, um ihren Lebensunterhalt zu verdienen. Auch das ist ein Zeichen der Hoffnung.

Den ganzen Morgen über erzählten uns die schwarz gekleideten Frauen ihre Geschichten und ließen uns an ihrem Leiden Anteil nehmen. Es ist für muslimische Frauen gefährlich, sich mit Männern in einem Raum aufzuhalten, noch dazu mit Ausländern, sie gingen also wirklich ein Risiko ein, indem sie mit uns sprachen. „Ich habe vor 20 Jahren meinen Mann verloren", sagte eine der Frauen, „und ich habe ohne Geld drei Kinder aufgezogen. Ich mache mir Sorgen um sie. Eines von ihnen hat psychische Probleme. Darum weine ich täglich den ganzen Tag. Das ist meine Art, damit umzugehen." Ihr Schmerz wurde von allen mitempfunden. Schmerz scheint das allgemeine Thema Afghanistans zu sein – sehr großer Schmerz und sehr großes Leiden all die Jahrzehnte von Krieg, Gier, Korruption und Armut hindurch.

„Als ich heute Morgen von zu Hause wegging, um herzukommen", sagte eine andere, „musste ich meine kleinen Kinder zu Hause alleine lassen, denn mein Mann geht aus dem

---

[28] Unter www.vcnv.org finden Sie die Möglichkeit, einen finanziellen Beitrag für dieses erstaunliche Deckenprojekt zu leisten.

Haus, um Arbeit zu suchen – und es gibt keine. Das ist sehr aufreibend. Wir haben kein Geld."

„Wir wünschen uns für unsere Kinder eine bessere Zukunft, wir wollen, dass sie etwas lernen", sagte eine andere. „Das Schulsystem in Afghanistan ist sehr schlecht und die wenigen Privatschulen sind für die meisten Leute viel zu teuer. Die beste Art, uns zu helfen, ist es, ein besseres Bildungssystem aufzubauen. Es ist für uns sehr schwierig, aus unseren Häusern zu gehen. Unsere Familien treibt die Sorge um, dass wir von Selbstmordattentätern getötet werden könnten. Und niemand hört auf uns. Wir können uns keine bessere Zukunft für unsere Kinder vorstellen. Es gibt wenig Hoffnung für sie. Einige Länder sagen, sie schicken Hilfe, aber wo ist die? Wir haben nie etwas davon gesehen. Es fällt alles den Regierungsführern in die Hände, die sich von dem Geld Häuser in Dubai kaufen. Wer hört die Stimme des Volkes? Unser Herz tut uns so weh, weil uns niemand zuhören will."

„Der Krieg hat für alle Menschen schlimme Folgen", sagte eine andere. „Wir machen uns große Sorgen, dass die Massaker und der Bürgerkrieg nach 2014 (wenn die meisten der U.S./NATO-Truppen das Land verlassen) wieder aufflammen werden. Wir hoffen, dass das Schwergewicht darauf gelegt würde, hier ein gutes Bildungssystem aufzubauen."

„Wie lange werden wir noch Krieg haben?", fragte eine andere. „Die Afghanen wissen, dass die US-Regierung aus Eigeninteresse hier ist und nicht im Interesse des Volkes. Wer wird auf die Stimme des Volkes hören?"

Diese afghanischen Frauen rührten uns zutiefst. Es war ein besonderes Privileg, mit ihnen zusammen zu sein und ihren herzzerreißenden Schrei nach Frieden zu hören und dazu ihre Forderung, zu tun, was wir können, um Krieg und Armut ein Ende zu setzen.

„Die Weisheit liegt bei den Menschen von Afghanistan, besonders bei den Frauen", sagte uns Hakim später beim Mittagessen. „Nach Jahrhunderten von Krieg neigen die männlichen Führer zur Gewalt, aber die Frauen nicht. Sie sorgen sich vor allem um Nahrung und um die Kinder. Wir müssen ihre Geschichten anhören und tun, was wir können, damit sich ihr Wunsch nach Frieden endlich erfüllt."

Eben das versuchen die afghanischen Friedensfreiwilligen zu tun, und ich bin sehr dankbar, dass ich hier bei ihnen sein darf, um von ihnen die Weisheit des Friedens und vieles andere zu lernen.

Mitten in der Dunkelheit von Krieg und Armut zeigen sie mir ein Adventslicht von Hoffnung und Frieden.

Heute Nachmittag fuhren wir durch Kabul zu einem der vielen Flüchtlingslager. Kabul ist eine der Städte mit der stärksten Luftverschmutzung und eine der ärmsten Städte der Erde mit einem Meer von rasenden Autos. Im Flüchtlingslager saßen wir in einem Zelt der UN, hörten den Lagerältesten zu, nahmen Anteil an ihrem Leiden und flehten um Frieden. Etwa fünfundfünfzig Familien bewohnen das überfüllte Lager und einige der Familien bestehen aus 25 Mitgliedern.

„Wir sind den Krieg so müde", begann der Älteste. „Wir haben nichts zum Leben. Wir haben keine Arbeit. Wir wollen nicht, dass unsere Kinder sterben, wer würde das auch wünschen? Beendet diesen Krieg! Wir wollen nicht, dass einer von uns stirbt. Niemand in diesem Lager will, dass der Krieg weitergeht. Wir haben genug vom Krieg!"

„Eines der Hauptprobleme ist", sagte er, „dass wir nicht miteinander sprechen wollen. Die Herrschenden müssen miteinander sprechen. Alle Afghanen sind Muslime. Muslime sollten nicht gegeneinander kämpfen. Wir alle wissen, dass der Krieg keinen Vorteil für die Menschen hat. Sie wollen, dass er aufhört. Der Krieg hat nur für die Herrschenden Vorteile. Es gibt viele Witwen, Waisen, Verstümmelte, Hungernde, Kranke und Arbeitslose. Sie haben genug von diesem Krieg. Seit Jahrzehnten herrscht Krieg und wir fürchten, wir werden den Frieden nicht mehr erleben. Nur die in den Sesseln der Macht sitzen, haben gewechselt, das Töten geht weiter. Die jetzt Herrschenden verwandeln Afghanistan in ein Schlachtfeld, in ihren persönlichen Tummelplatz des Krieges."

„Ich habe mein ganzes Leben über nichts als Krieg erfahren", fuhr er fort. „Krieg ist unsere Lebensweise. Es gibt nichts anderes zu tun, als Menschen zu töten und selbst getötet zu werden und schließlich ein Kriegsheld zu werden. Wir müssen miteinander reden und herausfinden, wie wir leben und verhandeln können. Wir müssen unsere Waffen niederlegen. Aber die Mächtigen wollen den Menschen nicht gestatten, in Frieden zu leben. Sie geben unseren Regierungsführern immer mehr Geld, um uns zu spalten. Ich wünschte, wir könnten uns zusammensetzen und sprechen, aber die Herrschenden, werden uns das niemals gestatten."

Ich fragte ihn, welche Botschaft er für die Amerikaner habe. „Meine Botschaft ist: Es ist jetzt elf Jahre, seit Amerika herkam und einen Krieg anfing, und nichts ist erreicht worden. Die USA müssen das Land verlassen. Sie sollten auch dazu beitragen, dass sich die Afghanen vereinigen." Dann sprach er über seine Hoffnungen für die jüngere Generation, dass sie das Töten beenden und neue Möglichkeiten des Zusammenlebens erlernen werde. „Wir müssen zu den Wurzeln der Probleme vordringen und das Problem an seiner Wurzel lösen, wenn nicht, wird der Krieg wie ein Baum wieder ausschlagen."

Freitag, 7. Dez. 2012

Am Morgen saß ich mit dem 20-jährigen Raz Mohammad zusammen; er ist Mitglied der afghanischen Friedensfreiwilligen. Er erzählte mir seine Lebensgeschichte und sprach von seinen Hoffnungen auf Frieden.

„Der Krieg hatte furchtbare Auswirkungen auf mein Leben und mein Gemüt", begann er. „Ich habe sehr viele Schwierigkeiten. Ich kann nicht so lernen, wie ich will, weil ich kein Geld und sehr viele Familienprobleme habe. Ich frage mich immer wieder, warum so viele Menschen kämpfen und töten, warum so viele Menschen aus meinem Dorf getötet werden. Die Afghanen sind vollkommen gespalten, auch die jungen Leute. Alle ergreifen irgendeine Partei."

Er berichtete über das Leben in seinem Dorf in der Provinz Wardak, in der unaufhörlich gekämpft wird. US-Soldaten haben jedes Haus durchsucht, auch seines, und er fühlte sich dort nicht mehr sicher. „Ich wünschte, sie wären höflich und anständig", sagte er, „aber sie kommen am Tag und schikanieren uns und in der Nacht erschrecken ihre Hubschrauber die Kinder. Wir werden ständig von US-Drohnen überwacht. Mein Schwager wurde 2008 von einer US-Drohne getötet. Er war Student und besuchte an einem Sommerabend ein paar Freunde. Dann beschlossen sie, in den Garten zu gehen und sich dort hinzusetzen und zu reden. Der Abend und das Sitzen im Garten gefielen ihnen und da kam eine Drohne geflogen und warf eine Bombe ab. Alle wurden in Asche verwandelt, wir konnten keine Überbleibsel von ihnen finden. Er hinterließ eine Frau, meine Schwester, und einen Säugling. Ich denke, die Drohnenangriffe haben in meiner Provinz ihren Anfang genommen. Wir hören sie etwa alle drei Nächte. Sie haben einen tiefen, brummenden Ton wie eine Mücke. Sie schweben über uns. Sie fliegen am Tag über uns und sie fliegen in der Nacht über uns. Dann können wir die Scheinwerfer am Vorderteil der Drohne sehen.

Manchmal überfliegen uns die großen US-Kampfbomber und machen viel Lärm. Alle Menschen in der Gegend haben vor den US-Soldaten, den US-Panzern, den US-Drohnen und den US-Kampfbombern Angst, besonders die Kinder. Sie fürchten, getötet zu werden. Im Laufe der Jahre wurden viele Menschen durch Bomben getötet. Viele Häuser wurden zerstört. Zwei meiner Klassenkameraden in der 10. Klasse wurden in ihren Häusern getötet, als ein Kampfbomber Bomben auf ihre Häuser abwarf und alle Menschen darin tötete. Wenn die USA unsere Gegend oder ein Haus bombardieren, sterben alle, auch Frauen und Kinder. Auch bei gezielten Bombardierungen werden schließlich immer auch Frauen und Kinder und Unschuldige getötet, deshalb sollte niemand bombardiert werden.

Kein Mensch sollte diese Drohnenangriffe akzeptieren. Sie töten Unschuldige. Die Menschheit sollte nicht erlauben, dass das geschieht. Niemand, den ich kenne, will, dass der Krieg weitergeht. Überall haben die gewöhnlichen Leute genug vom Krieg und sind seiner müde, aber wir werden als Krieger und Terroristen dämonisiert. Niemand von uns kann sagen, wer ein Mitglied der Taliban ist und wer nicht. Wenn *wir* das nicht können, wie könnte dann irgendjemand in den USA wissen, wer in der Talibanbewegung ist? Inzwischen sind alle unsere Schulen, Krankenhäuser und lokalen Dienste zusammengebrochen. Die U.S./NATO-Truppen helfen keinem, sondern bringen nur Angst und Tod über die Menschen."

Ich fragte Raz Mohammad nach Gewaltfreiheit. „Ich lerne, dass wir alle Menschen sind und dass jeder Mensch dazu fähig ist, freundlich zu sein und ein Freund zu werden. Wir sind alle gleich. Anstatt, dass wir die Spaltungen fortsetzen, sollten alle Menschen versuchen, Freunde zu sein. Gewaltfreiheit bedeutet für mich: zum Verständnis der Möglichkeiten menschlicher Freundschaft beizutragen."

Nach meinem schönen Gespräch mit Raz Mohammad verbrachte ich den übrigen Morgen im Gespräch mit dem 16-jährigen Abdulhai aus Bamiyan, dessen Vater im Krieg getötet worden ist. Angesichts alles dessen, was er durchgemacht hat, ist seine Stärke und Führungsrolle in der Gruppe erstaunlich.

„Lange Zeit verstand ich das Leben überhaupt nicht", begann er. „Ich erinnere mich an den Tag (als er 6 Jahre alt war), als die Taliban in mein Dorf kamen und alle in die Berge flohen. Unsere Familie war sechs Monate lang in zwei Teile geteilt und erst später erfuhren wir, dass unser Vater getötet worden war. Als wir uns in den Bergen versteckten, dachte ich, das Leben sei schrecklich. Die Leute waren nicht freundlich zu uns. Wir hungerten und froren. Selbst die Verwandten, die wir trafen und mit denen wir zusammen waren, waren grausam zu uns. Wir machten uns große Sorgen um unser Überleben als Flüchtlinge. Mein älterer Bruder hat jetzt ‚den Verstand verloren' und leidet psychisch unter seinen Kriegserlebnissen. Später kehrten wir nach Bamiyan zurück und bauten auf einem kleinen Stück Land Weizen und Kartoffeln an, um davon zu leben. Ich bin sehr traurig über alles das, was geschehen ist."

„In dieser Arbeit für Frieden müssen Menschen ein weites Herz haben", sagte Abdulhai zu mir. „Man braucht ein weites Herz, wenn man sich mit anderen friedlich verbinden will. Jetzt ist mir klar, dass man auch weit denken muss."

Als ich ihn nach seiner Botschaft an die Amerikaner fragte, sagte er: „Wir wollen mit euch befreundet sein. Wenn ihr nicht viel über uns wisst oder denkt, wir wären alle Terroristen, dann kommt her und lernt uns kennen, so wie John es macht."

„Jedes Mal, wenn ich jemanden mit einer Waffe sehe, habe ich ein schlechtes Gefühl", sagte LaLa, eine junge Frau, beim Mittagessen. „Ich fühle mich dann weniger als Mensch."

Nach dem Essen sprachen im Haus der afghanischen Friedensfreiwilligen zwei Besucher mit uns. Zuerst trafen wir uns mit dem Journalisten Mohammad Arif, der für die *Transitional Justice Coordination Group (TJCG)*[29] und auch für eine Gruppe arbeitet, die versucht, die Gewalt gegen Frauen zu beenden. „Die Armut treibt Menschen dazu, Waffen zu ergreifen", begann er, „weil sie nicht wissen, was sie sonst tun sollten, um Veränderungen zu bewirken. Die Menschen müssen ja dringend ihren Lebensunterhalt verdienen. Wenn wir eine Zukunft haben sollen, dann ist Bildung der Schlüssel dazu. Die meisten Afghanen sind Analphabeten oder unwissend. Wir müssen ihnen Bildung vermitteln und ihre extreme

---

[29] Nähere Informationen unter http://tjcgafghanistan.wordpress.com/

Armut bekämpfen. Bildung ist der beste Weg, um die Gewalt-freiheit in Afghanistan zu stärken.

Die US-Bombardierungen töten immer Unschuldige", fuhr er fort. „Das US-Militär denkt, dass jeder Mann mit einem Turban zu den Taliban gehört, und deshalb versuchen sie ihn zu töten und dabei töten sie einen Unschuldigen und viele weitere Unschuldige. Das muss aufhören."

Dann trafen wir uns mit dem Geschäftsführer von CRS (*Catholic Relief Services*) in Afghanistan[30] Bill Schmidt. Bevor er hierhergekommen war, hatte er bis vor Kurzem nach dem schrecklichen Erdbeben in Haiti als Direktor der Nothilfe der dortigen CRS gearbeitet. Er hat ein Budget von 8 Millionen Dollar und fast 400 Mitarbeiter (nahezu alle sind Afghanen). Er beaufsichtigt das beste Hilfsprojekt, von dem wir bisher gehört haben. Sie betreiben ein Bildungsprogramm auf Ge-meindeebene und haben überall dort im Land, wo es keine Schulen gab, Schulen aufgemacht. Bisher haben sie seit 2005 mehr als 500 Schulen gegründet und damit das Leben von abertausend Kindern verbessert. Sie suchen sich Lehrer und Schulräume, bilden die Lehrer aus und stellen Finanzmittel zur Verfügung. Sie betreiben auch ein Programm zur Schaf-fung von Lebensgrundlagen, um armen Menschen zu helfen, ihre natürlichen Ressourcen zu verwalten und ihre Landwirt-schaft zu verbessern. Außerdem springen sie in besonderen Notfällen ein.

Bill und seine Arbeit im Rahmen von ‚*Catholic Relief Ser-vices*' in Afghanistan beeindruckten mich sehr. CRS arbeitet jetzt in mehr als 100 Ländern. Ich unterstütze die Organisati-on seit Langem und habe mich kürzlich sehr bemüht, für ihre Arbeit in Haiti Mittel aufzutreiben. Ihre Programme hier in Afghanistan sind erstaunlich! Ich hoffe, dass auch viele ande-re einen Beitrag zu ihren Projekten in Afghanistan leisten werden. Sie machen mir Hoffnung!

---

[30] Nähere Informationen unter http://crs.org/countries/afghanistan

Samstag, 8. Dez. 2012

Meine Freundin Ann Wright kam heute Morgen direkt von einem zweiwöchigen Aufenthalt in Gaza. Dort hatte sie sich mit Überlebenden der kürzlich erfolgten schlimmen israelischen Bombardierung getroffen, durch die mehr als 150 Bewohner des Gazastreifens getötet worden waren. Ann ist Oberst im Ruhestand und war im diplomatischen Dienst des Außenministeriums. Sie eröffnete 2001 offiziell die US-Botschaft in Kabul, gab aber ihr Amt auf, als 2003 der Irakkrieg anfing. Sie arbeitet jetzt mit *Code Pink*[31] und *Veterans for Peace*[32] zusammen. Wenn wir zurück in den Staaten sind, sollen wir gemeinsam mit Amy Goodman bei *Democracy Now!*[33] in New York City auftreten.

Heute Morgen fuhren wir durch Kabul zu einer Klinik, die mittellose Drogenabhängige behandelt. Drogenabhängigkeit wird Afghanistan immer mehr zum Problem. Viele arbeitslose Jugendliche fahren in den Iran, beginnen dort, Drogen zu konsumieren, kehren nach Kabul zurück und leben dann mit den anderen obdachlosen Abhängigen unter den Brücken. Die Klinikdirektorin ist eine charismatische Frau. Sie betreibt ein Restaurant und tut ihr Möglichstes, den Teilnehmern an ihrem Rehabilitationsprogramm Unterkunft und Hilfen zur Verfügung zu stellen. Natürlich ist sie deswegen ernsthaft in Gefahr und hat schon viele Drohungen bekommen. „Dies ist kein Traumberuf und er bringt kein Geld ein", sagte sie lächelnd, „aber ich möchte Menschen helfen und das, was ich tue, ist eine Möglichkeit, ihren Bedürfnissen gerecht zu werden."

Heute Nachmittag haben wir die Organisation *Human Rights and Eradication of Violence Organisation (HREVO)*[34] in ihrem Hauptbüro und Gemeinschaftszentrum besucht. Die

---

[31] Weitere Informationen unter http://www.codepink4peace.org/
[32] Weitere Informationen unter http://www.veteransforpeace.org/
[33] Weitere Informationen unter http://www.democracynow.org/
[34] Weitere Informationen unter http://hrevo.org/

dort Tätigen unterstützen Frauen und Kinder und versuchen dazu beizutragen, dass sich die Armen von der Gewalt abwenden. „Die afghanische Regierung wird für die korrupteste Regierung der Welt gehalten", sagte der Direktor. „Keine der internationalen Hilfen anderer Regierungen erreicht jemals die Menschen am Boden der Gesellschaft. Korruption steht im Mittelpunkt aller Probleme. Wir wollen Korruption, Gewalt, Krieg und Armut beenden."

Bei Dunkelwerden quetschten wir uns in einige Transporter und fuhren eineinhalb Stunden durch dichten Verkehr zum Flugplatz, um Mairead Maguire[35] und Ann Patterson abzuholen. Die Friedensfreiwilligen hatten am Abend zuvor entschieden, dass sie alle zusammen die Nobelpreisträgerin Mairead aus Belfast in Nordirland am Flughafen begrüßen wollten. Ich staunte über diese Geste der Gastfreundschaft und wusste, Mairead und Ann würde das rühren. Als wir in der eisigen Kälte am Eingang des Flugplatzes standen und mit den Soldaten dort und miteinander sprachen, wurde unsere Aufregung immer größer.

Ich kenne Mairead seit vielen Jahren, wahrscheinlich seit 1985, aber näher kennen lernte ich sie und ihre Familie, als ich 1997 und 1998 in Nordirland arbeitete. Wir flogen 1999 gemeinsam in den Irak und haben bisher bei verschiedenen Konferenzen und Veranstaltungen zusammengearbeitet. 1998 veröffentlichte ich eine Sammlung ihrer Essays unter dem Titel *The Vision of Peace* [*: Faith and Hope in Northern Ireland*][36] . Auch ihre Kollegin Ann Patterson ist eine großartige Friedensarbeiterin. Sie hat Opfer von Krieg und Völkermord in Nordirland und Afrika beraten. Sowohl Mairead als auch Ann haben sich vor Kurzem unserem jährlichen Protest in Los

---

[35] [Mairead Corrigan-Maguire, geb. 27. Januar 1944 in Belfast/Nordirland, ist die Mitbegründerin der bisher einflussreichsten Friedensbewegung Nordirlands, der *Community of Peace People*. Hierfür erhielt sie gemeinsam mit Betty Williams den Friedensnobelpreis des Jahres 1976; Wikipedia.org]

[36] Erhältlich bei: www.wipfandstock.com

Alamos in New Mexico angeschlossen und unterstützen unsere Kampagne zur Abschaffung der Kernwaffen.

Unglücklicherweise waren ihre Visa mit falschen Daten versehen und ihre Pässe wurden am Flughafen einbehalten, sodass sie nur mit Mühe herauskamen und uns fanden. Sie müssen zum Einwanderungsministerium gehen, um die richtigen Papiere zu bekommen, wenn sie das Land in einer Woche wieder verlassen wollen. Was für eine Aufregung, als sie endlich auf dem dunklen Parkplatz erschienen! Die jungen Leute begrüßten sie einzeln und machten viele Fotos. Es war ein großartiger Augenblick. Als wir zum Auto gingen, sagte Mairead: „Einen Augenblick!" Wir sahen dann alle ungläubig zu, wie sie jeden Soldaten mit einem Lächeln und einem Handschlag begrüßte. Einer der jungen Leute begann zu weinen und sagte zu mir: „Sie lehrt mich gleich hier, was Gewaltfreiheit bedeutet: Wir müssen zu allen freundlich sein."

Ich zog in das Hotel um, um mit Mairead und den beiden Anns zusammen zu sein. Wir verabschiedeten uns von den anderen und blieben noch lange auf, aßen und sprachen über Neuigkeiten, Reisen und unsere verschiedenen Friedensprojekte.

Sonntag, 9. Dez. 2012
Als ich wieder ins Haus der Friedensfreiwilligen kam, freute ich mich sehr, meinen Freund Shane Claiborne zu sehen, der eben für einen kurzen Besuch angekommen war. Er ist ein beliebter evangelikaler Prediger und Autor und hat die bewusst christliche Gemeinschaft *The Simple Way*[37] mit begründet, die für die Armen in der Innenstadt von Philadelphia arbeitet. Seine hüftlangen Filzlocken sind in der ganzen Bewegung berühmt geworden, deshalb bekam ich einen Schreck, als ich ihn mit kurzem Haar sah. Er sagte mir, er habe sich den Kopf aus Solidarität mit den afghanischen jungen Leuten rasiert. Eine schöne Geste der Unterstützung!

---

[37] http://www.thesimpleway.org/

Nach dem Frühstück besuchten wir noch einmal die Frauen-Näh-Kooperative. Mairead sprach sehr schön darüber, dass es notwendig sei, weiterzuarbeiten, die Hoffnung nicht zu verlieren und friedvoll zu sein. „Frieden ist möglich", sagte sie zu ihnen, „versucht weiterhin, im Frieden mit euch selbst und untereinander zu leben und die Hoffnung aufrechtzuerhalten." Dann erzählten die Frauen noch einmal von ihren Schmerzen und Sorgen.

„Warum gibt es immer Krieg?" fragte Sakina. „Wer hört den Armen zu? Niemand hört uns Armen zu!"

„Die USA sollten kein Geld und keine Hilfe mehr nach Afghanistan schicken", sagte die Lehrerin, „denn die gehen nur an die Reichen. Wir sind des Krieges so müde. Wann wird das jemals anders? Der Mangel an Frieden und unsere Kriegsmüdigkeit werden dadurch noch schlimmer, dass wir weder Geld noch Arbeit haben. Niemand ist jetzt noch gesund. Alle sind vom US-Krieg betroffen. Wir müssen uns vor den Bomben verstecken, immerzu vor der Gewalt weglaufen und ständig versuchen, an Nahrung zu kommen. Es ist sehr schwierig!"

„Wir haben nichts", sagte eine der Frauen. „Wir haben keine reine Luft, kein Essen, keine Arbeit und keine Bildung. Wer kann uns helfen? Wem können wir vertrauen? Wer sind unsere Freunde? Und wenn uns doch einige zu helfen versuchen, z. B. Journalisten, dann werden sie mit dem Tod bedroht und dann getötet. Was können wir tun?"

„Ich habe alle Hoffnung verloren", sagte eine Schülerin der achten Klasse. „Die Schule ist ein Witz. Der Unterricht ist sehr schlecht. Es gibt nichts, auf das man sich freuen kann. Ich kann mir meine Zukunft nicht vorstellen. Ich mache mir Sorgen und fürchte, Bürgerkrieg und Massaker werden wieder aufflammen. Deshalb denke ich, ich sollte nicht mehr in die Schule gehen, sondern mich aufs bloße Überleben vorbereiten."

„In Afghanistan fordern manche Rechte für Frauen, aber wir haben nicht einmal die Menschengrundrechte", sagte eine andere Frau. „In einigen Ländern brauchen die Leute eine Jagderlaubnis. Hier braucht man keine Erlaubnis für irgendetwas. Also jagen manche Leute Menschen. Wir haben nicht einmal die Rechte, die in anderen Ländern sogar Tiere haben!"

„Mein ganzes Leben über herrschte Krieg", sagte wieder eine andere Frau, „aber tatsächlich wird es jetzt noch viel schlimmer. Alles schmerzt. Soll ich euch von Armut, Angst, Hunger oder Krieg erzählen? Wo sollte ich da anfangen? Wo kann ich Hoffnung finden?"

„Afghanistan ist ein einziges großes Hospital", fuhr sie fort. „Wir sehen täglich dem Tod ins Auge und stumpfen dagegen ab. Die USA betreiben ein Schlachthaus, einen Schlachthof, in dem Schafe geschlachtet werden. Was können wir tun? Ich muss darüber weinen."

„Ich dachte, Präsident Obama würde für die Unterdrückten sorgen, aber er hat alles für uns viel schlimmer gemacht", sagte eine andere. „Er ist sogar noch schlimmer als Präsident Bush. Bittet die Menschen in den USA, dass sie wieder auf den Straßen protestieren und dass sie alles, was sie können, tun, um diesen Krieg jetzt zu beenden."

Bevor wir uns trennten, drückte die Lehrerin ihre Dankbarkeit dafür aus, dass wir ihnen zugehört hatten. Sie sagte, sie habe das erste Mal seit Jahrzehnten das Gefühl gehabt, gehört zu werden.

Später beim Mittagessen dachten wir in der Gruppe über die Begegnung mit den Frauen nach. „Es ist sehr traurig", sagte Ann Patterson, „weil sie keine Hoffnung haben. Sie sind ebenso hoffnungslos wie hilflos."

„Wenigstens haben sie einander", fügte Ann Wright hinzu, „und sie können miteinander lächeln und lachen." Wir sprachen über Möglichkeiten, das Deckenprojekt zu unterstützen, und über unsere Hoffnung, dass Menschen weiterhin Geld spenden, damit die Frauen einen Lohn bekommen, von dem sie leben können.[38]

Heute Nachmittag waren wir bei einer Verteilung der Decken an arme Familien dabei.

Zwei Lastwagen, von denen jeder mit mehr als hundert Decken beladen war, folgten uns. Wir trafen uns mit mehr als hundert verzweifelt armen Frauen in einem kahlen Raum. Sie saßen mit Mairead und den anderen Frauen unserer Gruppe in der Raummitte auf dem Boden, während wir Männer am Rand saßen und uns gegen die Wand lehnten. Mairead sprach ihnen Mut zu, weiterhin den Frieden zu bewahren und sich umeinander zu kümmern. Dann sprachen auch diese Frauen von ihren Kämpfen und Schmerzen.

„Mein Mann wurde im Krieg getötet", sagte eine der Frauen, „und mein Sohn wurde verwundet und verlor den Verstand, sodass mir nichts übriggeblieben ist." „Ich habe meinen Mann im Krieg verloren", sagte eine andere, „jetzt kämpfe ich darum, meine fünf Kinder alleine aufzuziehen." „Ich habe sechs Söhne und eine Tochter und habe große Mühe, sie zu ernähren", sagte wieder eine andere. „Ich habe nur Gott, an den ich mich wenden kann." Ihre Erzählungen waren traurig und für uns kaum zu ertragen. Nach der Begegnung versammelten wir uns vor dem Gebäude und gaben jeder der Frauen zwei große Decken. Es war eine schöne Geste, und wenn sie auch klein war, so konnte sie doch den Unterschied zwischen Leben und Tod bedeuten.

Montag, 10. Dez. 2012
Dieser Morgen war äußerst erstaunlich. Wir saßen alle im Hauptraum des Hauses der Friedensfreiwilligen auf dem Boden und erzählten von unserem Leben, unseren Hoffnungen und unserem Verständnis von Gewaltfreiheit: alle afghanischen Friedensfreiwilligen, Hakim, Mairead, Shane, Ann

---

[38] [Für finanzielle Beiträge zum Deckenprojekt vgl. das Duvet Project auf www.vcnv.org]

W., Ann P. und die ganze amerikanische Delegation. Ich war von Gefühlen und Zuspruch überwältigt. Das waren wir alle.

„Weil ich meinen Vater durch die Taliban verloren habe", sagte ein junger Mann, „hasse ich alle anderen ethnischen Gruppen. Aber jetzt versuche ich, den Hass zu überwinden."

„Ich steckte Menschen in unterschiedliche Kategorien und konnte nicht mit jedem Tee trinken", sagte ein anderer. „Jetzt lerne ich, dass wir alle zu einer einzigen Menschenfamilie gehören. Jetzt denke ich, dass ich mit jedem Tee trinken kann."

Nachdem drei oder vier Leute gesprochen hatten, beendeten wir das Gespräch und sahen uns Filme von verschiedenen Aktionen an, die die Friedensfreiwilligen im Laufe der Jahre unternommen haben. Sie haben alles gefilmt und besitzen eine erstaunliche Sammlung an Videos.[39] Wir sahen, wie sie ihren Friedenspark in Bamiyan bauten und die schöne Statue einer Friedenstaube im Park aufstellten. Ebenso sahen wir, wie sie ein großes, mit Weihnachtskerzen erleuchtetes Friedenszeichen, so groß wie eine Plakatwand, auf der Fläche um die Ruinen der riesigen Buddha-Statuen, die die Taliban vor einigen Jahren zerstört hatten, errichteten. Wir sahen auch ein Video ihres Friedensmarsches in Kabul, der vor Kurzem stattgefunden hat. Sie trugen Spruchbänder, auf denen stand; „Wir sind so kriegsmüde!", „Wir können immer noch Freunde sein", „Wir können ohne Krieg leben", „Wir wollen uns für Frieden einsetzen". Als wir die Videos ansahen, weinten die meisten Ausländer im Kreis. Es war sehr bewegend.

„Ich möchte etwas für afghanische Kinder tun", sagte einer der Freiwilligen und brach dann in Tränen aus. „Warum müssen afghanische Kinder das alles durchmachen? Was haben sie Böses getan?"

„Ich habe andere ethnische Gruppen verabscheut", sagte einer der jungen Männer, „aber jetzt versuche ich, Hass und

---

[39] [Vgl. www.ourjourneytosmile.com und www.vcnv.org]

Vorurteil zu überwinden. Ihr Freunde aus dem Ausland gebt mir Hoffnung und Kraft dafür."

In einem anderen Video sahen wir, wie die Friedensfreiwilligen dem US-Botschafter, der Bamiyan besuchte, einen an Präsident Obama adressierten Brief übergaben. Der amerikanische Botschafter war offensichtlich von den jungen Leuten beeindruckt. Er versprach, den Brief weiterzuleiten, und ermutigte sie dazu, weiter für Frieden zu arbeiten. Ich staunte über die Kühnheit der jungen Leute, ein solches Treffen zu arrangieren, und über die Anmut und Geschicklichkeit, mit der sie es durchführten.

„Gewaltfreiheit verlangt aufmerksames Zuhören und achtsames Sprechen", sagte Patrick, als er an der Reihe war. „Ich könnte es so sagen: Sage, was du meinst (mean), und meine, was du sagst, aber sage es nicht auf gemeine Weise (meanly). Gewaltfreiheit verlangt auch Fürsorge (caring) und Mut (daring), ein Herz, das so groß ist, dass es lieben kann, und entschiedenen Mut zum Lieben."

„Das, was uns gemeinsam ist, ist mehr als das, was uns trennt", sagte Ellen. „Es gibt keine außergewöhnlichen Menschen, sondern nur gewöhnliche Menschen, die Außergewöhnliches tun. Eben das versuchen wir."

„Jeder Mensch ist dafür geschaffen zu lieben und geliebt zu werden", sagte Mairead. „Wir können unsere Liebe zueinander und zum Leben vertiefen, und wenn wir das tun, erfahren wir, was für ein schönes Geschenk das Leben ist. Wir haben nicht das Recht, einander das Leben zu nehmen, sondern wir wollen die Liebe zu anderen vertiefen und zur Heilung der ganzen Menschenfamilie beitragen. Für mich ist Gewaltfreiheit tätige Liebe, um die ganze Welt besser, fairer und gerechter zu machen." Sie mahnte uns, unsere Ängste, unsere Wut und unseren Hass loszulassen, Frieden mit uns selbst zu schließen und jedem ein Lächeln und unsere Liebe zu schenken. Sie sagte, wir müssten unser Leid weise nutzen, um durch unseren Schmerz und unsere Wut zu tieferer Liebe und tieferem Mitgefühl mit anderen vorzudringen und damit dem Frieden eine neue Tiefendimension zu verschaffen. „Genießt die Freundschaften, die ihr habt", schloss sie, „und ihr könnt selbst mitten im Krieg glücklich sein."

Die Gespräche in unserem Kreis heute Morgen waren eines der großartigsten Erlebnisse in meinem Leben. Wir kamen einander nicht nur sehr nahe, sondern halfen einander, die Bedeutung von Frieden, Hoffnung und Gewaltfreiheit zu verstehen. „Ihr seid meine Lehrer für Frieden und Gewaltfreiheit", sagte ich zu den afghanischen Friedensfreiwilligen. Ich wünschte, jeder Amerikaner könnte ihre Worte der tief empfundenen Sehnsucht nach Frieden hören und von ihnen die Weisheit der Gewaltfreiheit lernen!

Nach dem Essen gingen wir in den Saal hinunter, um den kleinen Kindergarten zu besuchen, den die jungen Leute eröffnet hatten, um obdachlose Kinder zu unterrichten, die auf der Straße leben und um Essen betteln. Innerhalb weniger Tage tauchten fünfzig kleine Jungen und Mädchen auf, um an diesem improvisierten Unterricht teilzunehmen. Sie sind ein wenig wild, aber sie lächeln, lachen und spielen. Wer weiß, welchen Schmerz sie im Innern mit sich herumtragen.

Als unsere Gruppe schwerer und großer Amerikaner und anderer Ausländer den Raum betrat, weiteten sich ihre Augen und ihre Münder blieben offen stehen. Wir müssen ihnen wie Außerirdische, wie Wesen von einem anderen Planeten erschienen sein. Hakim bat Mairead, etwas zu sagen. Sie setzte sich auf einen Stuhl vorne im Raum und die Kinder saßen vor ihr auf dem Boden. Aber innerhalb von Minuten sprang Mairead vom Stuhl auf und setze sich zu ihnen auf den Boden. Dann sagte sie, wie sehr sie sie liebe, und fing an, mit ihnen zu singen. Sie bat die Kinder zu singen und eines nach dem anderen stand auf und sang oder sagte etwas (meist waren es Rezitationen aus dem Koran). Wir spendeten jedem Kind Beifall und danach machten wir viele Gruppenaufnahmen. Die Freude, die uns diese Kinder bereiteten, war ein gewisser Trost angesichts all des gehörten Kummers und all der intensiven Erlebnisse dieser Tage. Heute Nachmittag fuhren wir durch Kabul, um das afghanische Parlament zu besichtigen. Nachdem wir unzählige militärische Checkpoints und Sicherheitsstationen hinter uns gebracht hatten, trafen wir die junge Muslima Fauzia Kofi, die eine Parlamentarierin aus einem abgelegenen nordöstlichen, an China grenzenden Distrikt ist. Sie ist die Vorsitzende der Parlamentarischen Kommission für Frauen- und Menschenrechte und hat angekündigt, dass sie sich im nächsten Jahr um das Präsidentenamt bewerben werde. Sie war warmherzig, einladend und redegewandt, verbrachte jedoch die meiste Zeit damit, dass sie die Taliban verurteilte. Sie klagte über die Ungerechtigkeit, die den afghanischen Frauen und Kindern angetan worden waren, und drängte uns, zu einem Ende des Krieges beizutragen und Gerechtigkeit für Frauen und Kinder zu fördern. „Wir brauchen Frieden in Würde", sagte sie. „Ich bitte Freunde in aller Welt, sich mit uns solidarisch zu erklären und afghanische Frauen und Kinder zu unterstützen, die so vieles erleiden müssen."

Heute Morgen wurde eine führende Funktionärin für Frauenrechte in Nordafghanistan ermordet. Uns war vollkommen klar, welches Risiko Frau Kofi auf sich nahm, als sie sich ins Getümmel stürzte und sich in der Öffentlichkeit für leidende Frauen und Kinder aussprach. Sie ist sehr tapfer.

Später am Tag fuhren wir noch einmal durch Kabul, diesmal um uns mit einem anderen führenden Parlamentarier, dem Präsidentschaftskandidaten Dr. Ramazon Bashardost, zu treffen. Vor ein paar Jahren wurde er Dritter bei den nationalen Wahlen. Internationale Beobachter erklärten offiziell, dass Karzai mehr als eine Million Stimmen gekauft und dass auch der Zweiplatzierte viele Stimmen gekauft habe. Trotzdem erkannten die USA Karzai als „legitimen" Präsidenten an. In Wahrheit sollte Dr. Bashardost, der keine Stimmen gekauft hatte, Präsident sein. Er ist nicht nur wegen seines offenen, öffentlichen Forums in einem Zelt in Kabul, wo ihn alle ansprechen können, beliebt, sondern er fühlt sich auch Frieden und Gewaltfreiheit verpflichtet. Vor Kurzem wurde er mit dem Gandhi-Preis des Radiosenders *Free Europe / Radio Liberty*[40] ausgezeichnet.

„Wir dürfen das Töten nicht weiterhin rechtfertigen", sagte er. „Alle Politiker sind korrupt und jeder befürwortet, dass ein anderer getötet werde, aber Töten ist niemals gerechtfertigt. Wir sollten niemanden unterstützen, der einen anderen tötet. Wir Afghanen müssen entscheiden, welche menschlichen Werte wir haben wollen", sagte er, „damit wir Töten, Gewalt, Korruption und Ungerechtigkeit beenden können.

Dieser Krieg ist für Afghanistan eine Katastrophe, aber auch für das amerikanische Volk. Es ist eine Tragödie. Ihr verliert Geld und eure Soldaten verlieren das Leben. Und ihr dient damit dem afghanischen Volk nicht. Ihr bietet den Warlords, den Kriegsverbrechern, Sicherheit. All euer Geld geht an die Warlords. Dadurch seid ihr die Feinde des afghanischen Volkes. Ihr müsst die Seiten wechseln! Es ist höchste Zeit, dass ihr aufhört, die Mörder zu unterstützen. Täglich wird die Situation schlimmer. Ihr Amerikaner habt keine Ahnung, was hier wirklich geschieht. Es wird höchste Zeit, dass ihr eine andere Richtung einschlagt und den Krieg beendet. Wir brauchen freie Wahlen. Aber jetzt wird jede Stimme gekauft. Wir brauchen eine neue Generation von Führern, Menschen, die nicht andere um ihres eigenen Aufstiegs willen töten. Und wir brauchen eure Unterstützung, um wirklichen Frieden für das afghanische Volk möglich zu machen."

Als wir heute Abend wieder im Hotel waren, sprachen Mairead, die beiden Anns und ich live über Skype zu einer Versammlung von Studenten und lokalen Friedensaktivisten an der Marquette-Universität in Milwaukee.

---

[40] [http://www.rferl.org/info/about/176.html]

Dienstag, 11. Dez. 2012

Heute ist der Höhepunkt unseres Besuchs. Wir trafen uns zu unserer öffentlichen Veranstaltung mit Journalisten und Fernseh-Teams auf dem Gelände der *Afghan Action*,[41] um die Kampagne „Zwei Millionen Freunde" aus der Taufe zu heben. „Wir rufen die Vereinten Nationen auf, einen sofortigen Waffenstillstand im Krieg von Afghanistan auszuhandeln und Gespräche zu beginnen, die die Beendigung des Krieges und den Beginn eines langen Weges zu Heilung und Wiederherstellung zum Ziel haben", sagten die afghanischen Friedensfreiwilligen und übergaben ihre Petition einem hohen Beamten der Vereinten Nationen.

Im Laufe der letzten vier Jahrzehnte seien im Krieg in Afghanistan zwei Millionen Menschen gestorben, sagten sie. Nach zehn Jahren Krieg mit den Sowjets und der sowjetischen Besatzung in den 1980er Jahren, nach dem Bürgerkrieg in den frühen 1990er Jahren, den korrupte Warlords geführt hatten, nach Jahren der Unterdrückung durch die Taliban und nach jetzt 11 Jahren Krieg mit Amerika und Besatzung durch die Amerikaner, nach alledem hätten die Afghanen mehr als genug vom Krieg, sagten sie. Ihre Botschaft war kurz und bündig: „Hört mit dem Töten auf. Beendet den Krieg. Wir wollen Frieden." Zu ihrer Stellungnahme gehörte auch: „Wir bitten die Vereinten Nationen, einen Waffenstillstand in Afghanistan auszuhandeln. Wir bitten die Vereinten Nationen, alle Konfliktparteien, auch die konkurrierenden Warlords und die Taliban, die Karzai-Regierung, regionale Akteure und die NATO dazu aufzurufen, ihre Waffen niederzulegen."

Jeder Tag weiterer Gewalttaten bedeutet für das Volk von Afghanistan eine Fortsetzung der humanitären Katastrophe. Es ist höchste Zeit für die Konfliktparteien, nicht-militärische Alternativen zu suchen und gemeinsam daran zu arbeiten, die notwendigen Finanzen und Ressourcen für eine Kampag-

---

[41] http://www.afghanaction.org/

ne des vollständigen Wiederaufbaus Afghanistans bereitzustellen. Die Menschen von Afghanistan, besonders die afghanischen Mütter, schreien förmlich nach einem Aufhören des Krieges und nach Nahrung und Bildung für ihre Kinder. Wir fordern, dass ihr Schreien gehört wird.

Wir glauben, dass ein von den Vereinten Nationen ausgehandelter Waffenstillstand den Afghanen sehr dabei helfen wird, ihren Wunsch nach Beendigung des Krieges zu erfüllen. Ein Waffenstillstand ebnet den Weg für Verhandlungen, Versöhnung und die wichtige Aufgabe, die humanitären und sozio-ökonomischen Bedürfnisse von 30 Millionen Afghanen zu erfüllen."[42]

Mairead Maguire sprach zunächst über ihre Erfahrungen mit dreißig Jahren Krieg und Teilung in Nordirland und rief dann zur Beendigung des Tötens und der Drohnenangriffe der USA, zum Beginn von Dialog und Wiederaufbau und zu einer gewaltfreien Lösung für die schrecklichen Kriege und Teilungen auf, die das Land zerstört haben. Und sie forderte dringend Hilfe, um das schreckliche Leiden von vielen Millionen verarmter, hungernder und hoffnungsloser Afghanen zu lindern, besonders der Frauen und Kinder.

Dieser wunderbare Aufruf zum Frieden war der Höhepunkt unseres zu Herzen gehenden, erstaunlichen, achttägigen Aufenthalts in Afghanistan. Ganz gewiss ist das einer der ärmsten, gewalttätigsten, am meisten vom Krieg zerrissenen, korruptesten Orte der Erde mit der stärksten Umweltverschmutzung, aber wegen der staunenswerten „afghanischen Friedensfreiwilligen" wird es für mich immer zugleich einer der hoffnungsvollsten sein. Sie nehmen die Herausforderung Gandhis, Kings und Abdul Ghaffar Khans an und sie tun, was sie nur können, für den Frieden, und eben das bringt Veränderung.

Als sich die Menge und die Medien versammelt hatten und die Feier und die Reden begannen, brachten mich Ghul-

---

[42] [https://www.facebook.com/2millionfriends/]

amai und Sharif zum Auto und begleiteten mich durch die Stadt zu meinem Abendflug nach Dubai zum Flugplatz. Im Fond des Autos gaben sie mir ein Geschenk: einen schönen, typischen schwarz-weißen und grauen afghanischen Schal, wie ihn viele Männer in Afghanistan tragen. „Es ist ein Geschenk der Friedensfreiwilligen, um dir dafür zu danken, dass du bei uns warst", sagten sie. Ich war sehr gerührt und dankbar. Als ich den Schal umlegte, sagten sie: „Jetzt bist du einer von uns."

Mittwoch, 12. Dez. 2012,
Dubai, Vereinigte Arabische Emirate
Nach diesem außergewöhnlichen Erlebnis fiel es mir schwer, Kabul zu verlassen. Es war gewiss eines meiner großartigsten Erlebnisse im ganzen Leben. Ich war auf dem Mond und bin wieder zurück, und ich habe das Schlimmste an Armut und Krieg und das Beste an Frieden und Menschlichkeit erlebt. Ich hoffe sehr, dass ich die Friedensfreiwilligen noch einmal werde besuchen können. Ich werde alle Hebel in Bewegung setzen, mich für ein Ende des US-Krieges gegen Afghanistan auszusprechen. Zwar weiß ich, dass nicht jeder selbst nach Afghanistan reisen muss, aber ich bin davon überzeugt, dass jeder etwas tun muss, um den langen Albtraum von Krieg und Armut zu beenden, den wir diesem leidenden Volk auferlegt haben.

Am meisten bin ich von diesen jungen Afghanen gerührt und inspiriert, die in einer Kultur, in der Gewalt und Krieg fest verwurzelt sind, so sehr versuchen, Menschen der Gewaltfreiheit zu werden. Ich wünschte, amerikanische junge Leute und Erwachsene täten dasselbe! Sie können uns so viel lehren!

Ein wenig Liebe ist stärker als die Kriege der Welt. Diesen Spruch haben sie in ihre Friedensstatue in Bamiyan eingraviert. Es ist ihr Motto, ihr Mantra, ihr Glaube und ihre Hoffnung geworden. Sie haben von Gandhi gelernt, dass Liebe und Gewaltfreiheit mächtiger als alle Kriege und Waffen der Welt sind, weil Liebe und Gewaltfreiheit vom Gott des Friedens kommen.

Während ich hier in Dubai sitze und darauf warte, meinen 15-stündigen Flug zurück nach Amerika antreten zu können, bete ich gemeinsam mit ihnen um Frieden und baue wie sie auf den Gott des Friedens. „Hilf uns, den US-Krieg gegen Afghanistan und die Besatzung zu beenden, Gott des Friedens. Hilf uns, das Leiden des afghanischen Volkes, besonders seiner Frauen und Kinder, zu beenden. Mache uns alle zu ‚Friedensfreiwilligen‘, damit auch wir Menschen des Friedens und der Gewaltfreiheit werden und lernen, eines Tages in gegenseitiger Liebe zu leben."

Pedro Arrupe S.J.,
Memorial - University of San Francisco
(commons.wikimedia.org)

Nach 32 Jahren verlasse
ich den Jesuitenorden

In dieser Woche verlasse ich schweren Herzens nach 32 Jahren offiziell den Jesuitenorden.[43] Nach drei Jahren angestrengten Nachdenkens verlasse ich den Orden, weil sich die Gesellschaft Jesu in den USA seit meinem Eintritt 1982 sehr stark verändert hat und weil meine Vorgesetzten sich jahrzehntelang so sehr darum bemüht haben, meine Arbeit für den Frieden zu unterbinden. Das geschah erst kürzlich wieder, als mein Provinzial mir befahl, nach Baltimore zu gehen, mir dort aber keine Aufgabe zuwies und – so hatte ich den Eindruck – mir ebenso wie andere Vorgesetzte in der Vergangenheit nahelegte, den Orden zu verlassen.

Nach Aussage meines Provinzials hat sich die Gesellschaft Jesu in den USA von ihrem Einsatz für „den Glauben, der Gerechtigkeit übt" losgesagt. Außerdem hat sie ihr finanzielles Engagement bei der „Kriegskultur" vergrößert und ihre Arbeit mit den Armen zugunsten des Dienstes durch ihre Universitäten und *High Schools* verringert. Angesichts dieser Veränderungen und des Mangels an Unterstützung und gelegentlicher Zensur, die ich jahrelang ertragen habe, und angesichts der kräfteverzehrenden Wirkung von dem allen auf meine Gesundheit, ist mir klargeworden, dass ich nicht noch länger im Orden bleiben kann.

Diese Entscheidung wurde vor drei Jahren ausgelöst, als Erzbischof Michael Sheehan von Santa Fe in New Mexico mir die Erlaubnis zur Ausübung des Priesteramts entzog, weil er Einwände gegen die Gebetswachen hatte, die ich im *Los Ala-*

---

[43] Erstveröffentlichung des Textes: 7. Januar 2014.

143

mos National Laboratory, dem Geburtsort der Kernwaffen, für Frieden und gegen die Entwicklung von Kernwaffen abhielt. Jahrelang hatten sich der Ortspfarrer von Los Alamos und andere Katholiken, die in Los Alamos am Bau von Kernwaffen mitarbeiten, häufig beim Erzbischof über meine Friedensbemühungen beschwert.

Danach befahl mir mein Jesuitenprovinzial Pater James Shea, das Oberhaupt der Provinz Maryland, New Mexico zu verlassen und nach Baltimore zurückzukehren, damit ich in der Nähe der Zentrale der Provinz sei. Anstatt dass er meine Friedensarbeit unterstützte, brachte sie ihn in Verlegenheit. Ich zog nach Baltimore, wo mir der dortige Erzbischof die volle Berechtigung zum Priesteramt als ordentlicher Priester zuerkannte, allerdings hatte mir mein Provinzial keine Aufgabe gegeben. Im Laufe einiger Begegnungen hatte ich den Eindruck, dass Pater Shea mich überreden wollte, meine Arbeit für Gerechtigkeit und Frieden aufzugeben oder aber die Gesellschaft Jesu zu verlassen. Unter anderem sagte er, dass nichts von dem, was ich in den letzten 10 Jahren getan hätte, irgendetwas mit der Gesellschaft Jesu zu tun gehabt habe.

Er sagte mir, dass sich die Gesellschaft Jesu von Pater Pedro Arrupes bahnbrechender Vision von Gerechtigkeit und von den Dokumenten der 31. und 32. Generalkongregation distanziert habe. Diese fordern radikalen Einsatz für Gerechtigkeit. Die Gesellschaft unterstütze Gerechtigkeit nicht weiterhin und sie arbeite auch nicht mehr für Gerechtigkeit, sagte er mir. Die Provinz Maryland hat alle Projekte, die den Armen dienen, angehalten. Das gilt von jetzt an, sagte er, denn die Anzahl der Jesuiten habe stark abgenommen, sodass die US-Jesuiten nur noch in unseren 25 Universitäten und 25 *High Schools* Dienst tun werden. Mir scheint, dass diese Ausrichtung eine vollkommen andere ist als die Ausrichtung des Ordens, in den ich 1982 eingetreten bin. Damals forderte er visionär, „Jesus zu begleiten, wie er das Kreuz trägt im Kampf für Gerechtigkeit". Wenn ich im Orden bliebe, sagte er, müsste ich in einer der *High Schools* der Jesuiten unterrichten.

In den letzten Jahren hatte es mich traurig gestimmt, dass ich mit ansehen musste, wie viele Jesuiten mit dem US-Militär zu tun hatten, wie unsere Schulen ihr Engagement beim US-Militär vertieften und wie Jesuiten erlaubt wurde, sogar an Orten wie den *Los Alamos Labs*, *West Point* und dem Gefängnis von *Abu Ghraib* im Irak zu wirken. Soweit ich weiß, können Jesuiten, die für das Militär arbeiten, ihre Arbeit dort fortsetzen. Besonders traurig hat mich gestimmt, dass den Jesuiten an der *Loyola University* in Baltimore erlaubt worden ist, jährlich eine Messe zu halten, in der nach der Kommunion fast 100 ROTC- (Reserveoffizierausbildungskorp) Kadetten in den Altarraum gelassen werden, um dort den Eid abzulegen, „die Verfassung der Vereinigten Staaten gegen alle aus- und inländischen Feinde zu verteidigen". Ich sagte meinem Provinzial, dass ich das für Blasphemie hielte, eine Verhöhnung Jesu und der Eucharistie; aber er sagte, er sehe darin kein Problem.

Also zog ich nach fünf Monaten als vollberechtigter Priester in Baltimore wieder nach New Mexico, ließ mich vom Dienst bei den Jesuiten freistellen, dachte weiter nach, bat um Entlassung und verließ diese Woche die Gesellschaft Jesu. Ich bin weiterhin katholischer Priester, aber ich habe zurzeit keine Erlaubnis zur Ausübung des Priesteramts. Ich bezweifele, dass mir irgendein Bischof in den USA eine Erlaubnis geben wird, weil auch die meisten von ihnen Einwände gegen meine Arbeit gegen Krieg und Ungerechtigkeit haben. Deshalb bin ich nicht sicher, ob ich Priester bleiben werde.

In seinem neuesten Interview in [der ‚nationalen katholischen Zeitschrift'] *America*[44] sprach Papst Franziskus darüber, welchen großen Schaden er als Jesuitenprovinzial durch das, was er seinen „Autoritarismus" nannte, angerichtet habe. Seit Jahrzehnten leiden meine Freunde und ich unter derartigem

---

[44] America. The Jesuit Review, 30.09.2013. https://www.americamagazine. org/faith/2013/09/30/big-heart-open-god-interview-pope-francis

Autoritarismus. Wir glauben, viele Provinziale und Vorgesetzte in den USA missbrauchen das Gehorsamsgelübde dazu, öffentliche, politische Arbeit für Gerechtigkeit und Frieden zu unterdrücken; wir dagegen sehen sie als das Zentrum der Jüngerschaft Jesu und der jesuitischen Mission an.

Seit Langem glaube ich, dass Jesus gewaltfrei war und dass er uns befiehlt, das Schwert aus der Hand zu legen, unsere Feinde zu lieben und zu Friedensstiftern und Gerechtigkeitssuchenden zu werden. Ich denke, das bedeutet, dass jeder Christ gewaltfrei werden und Krieg und Gewalt zurückweisen muss und dass ebenso sowohl die Kirche vor Ort als auch die Weltkirche Krieg und Gewalt zurückweisen und die Praxis der Gewaltfreiheit übernehmen müssen. Außerdem meine ich, dass jeder religiöse Orden Krieg und Gewalt zurückweisen und die Praxis der Gewaltfreiheit übernehmen muss. Wenn Jesus wirklich die göttliche Verkörperung von Frieden und Gewaltfreiheit ist, muss sich alles auf eine solche Weise ändern, dass es dieser Vision und der Methode der Gewaltfreiheit entspricht.

Ich bin berufen, dem gewaltfreien Jesus zu folgen, indem ich die Bergpredigt lehre und in die Tat umsetze, der Kultur von Krieg und Ungerechtigkeit Widerstand entgegensetze und Gottes Reich des Friedens und der Gewaltfreiheit verkünde und willkommen heiße. Viele leitende Jesuiten haben mir in klaren Worten mitgeteilt, dass die Jesuiten in den USA das nicht tun. Darüber bin ich sehr traurig und ich versuche weiterhin, meiner Berufung treu zu bleiben. Ich bin dankbar für alle wunderbaren Erfahrungen, die ich als Jesuit gemacht habe: das Studium, die Exerzitien, Gebete, Reisen, gute Werke und vor allem Freundschaften.

Ich denke, dass der gewaltfreie Jesus will, dass wir – und zwar alle – in diesen kritischen Zeiten unser Bestes tun, um Krieg, Armut und Kernwaffen abzuschaffen und den katastrophalen Klimawandel abzuwenden, damit sich Gottes Friedensreich ausbreite. Deshalb bin ich dem Mitarbeiterstab von *Pace e Bene*[45] beigetreten, einer kleinen Gruppe, die daran arbeitet, die Gewaltfreiheit des Evangeliums zu fördern. Ich helfe auch bei der Organisation von *Campaign Nonviolence*[46], in der zu Demonstrationen vor den Wahlen in diesem Herbst im ganzen Land, in jedem Bundeswahlkreis, aufgerufen wird. Damit wollen wir gegen Krieg, Armut und Umweltzerstörung protestieren. Das Ganze beginnt am 21. September mit einer nationalen Versammlung in Washington, D.C. Ich hoffe, dass alle dieser zündenden Bewegung beitreten werden. Wir brauchen die Hilfe aller.

Ich danke allen, die mich und meine Arbeit jahrelang unterstützt haben, und ich bitte euch: Betet für mich in dieser Übergangszeit, dass ich auch in vielen künftigen Jahren weiterhin meinen Teil dazu beitragen kann, Gottes Reich des Friedens und der Gerechtigkeit zu fördern. Wir wollen auch dafür beten, dass die Gesellschaft Jesu und die Kirche immer mehr die Gewaltfreiheit Jesu wertschätzen. Möge der Gott des Friedens uns alle segnen!

---

[45] http://www.paceebene.org/
[46] [http://org.salsalabs.com/o/859/p/dia/action3/common/public/?action_KEY =14090]

Franziskus und der Wolf von Gubbio,
Gemälde von José Benlliure y Gil (1858-1937)
commons.wikimedia.org

Die Botschaft von Papst Franziskus zur Feier des Weltfriedenstages 2017: Die erste kirchliche Erklärung in der Geschichte zur Gewaltfreiheit

12. Dezember 2016

Heute ließ Papst Franziskus die Botschaft zum jährlich wiederkehrenden Weltfriedenstag am 1. Januar 2017 veröffentlichen. Ihr Titel ist „Gewaltfreiheit: Stil einer Politik für den Frieden".[47] Dies ist die päpstliche Botschaft zum fünfzigsten Weltfriedenstag und zugleich ist die erste Verlautbarung über Gewaltfreiheit in der Tradition Mahatma Gandhis und Dr. Martin Luther Kings in der Geschichte.

Wir müssen „aktive Gewaltfreiheit zu unserem Lebensstil" machen, schreibt Franziskus am Anfang und empfiehlt, Gewaltfreiheit solle zu einem neuen Stil der Politik werden. Franziskus schreibt: Ich „bitte Gott, uns allen zu helfen, auf die Gewaltfreiheit in der Tiefe unserer Gefühle und persönlichen Werte zurückzugreifen." „Möge unsere Art, in zwischenmenschlichen, gesellschaftlichen und internationalen

---

[47] [Botschaft des Heiligen Vaters Papst Franziskus zur Feier des Weltfriedenstages 1. Januar 2017: *Gewaltfreiheit: Stil einer Politik für den Frieden*. Aus dem Vatikan, am 8. Dezember 2016. http://w2.vatican.va/content/frances co/de/messages/peace/documents/papa-francesco_20161208_messaggio-l-gio rnata-mondiale-pace-2017.html]

Beziehungen miteinander umzugehen, von Liebe und Gewaltfreiheit geleitet sein. Wenn die Opfer von Gewalt der Versuchung der Rache zu widerstehen wissen, können sie die glaubhaftesten Leitfiguren in gewaltfreien Aufbauprozessen des Friedens sein. Möge die Gewaltfreiheit von der Ebene des lokalen Alltags bis zur Ebene der Weltordnung der kennzeichnende Stil unserer Entscheidungen, unserer Beziehungen, unseres Handelns und der Politik in allen ihren Formen sein."

In dieser historischen Aussage erörtert Papst Franziskus die Gewalt der Welt, Jesu Weg der Gewaltfreiheit und die mögliche Alternative der Gewaltfreiheit für heute. Seine Botschaft bringt uns einen Hauch von frischem Wind und bietet uns allen einen Rahmen dafür, wie wir uns unser Leben und unsere Welt vorstellen können.

Gewalt wird die zerbrochene Welt nicht heilen

Franziskus schreibt, wir hätten es „heute leider mit einem schrecklichen ‚stückweisen' Weltkrieg zu tun. Es ist nicht leicht zu erkennen, ob die Welt heute mehr oder weniger gewaltsam ist als gestern und ob die modernen Kommunikationsmittel und die unsere Zeit kennzeichnende Mobilität uns die Gewalt bewusster machen oder ob sie uns mehr an sie gewöhnen.

In jedem Fall verursacht diese Gewalt, die ‚stückweise' auf unterschiedliche Arten und verschiedenen Ebenen ausgeübt wird, unermessliche Leiden, um die wir sehr wohl wissen: Kriege in verschiedenen Ländern und Kontinenten; Terrorismus, Kriminalität und unvorhersehbare bewaffnete Übergriffe; Formen von Missbrauch, denen die Migranten und die Opfer des Menschenhandels ausgesetzt sind; Zerstörung der Umwelt. Und wozu das alles? Erlaubt die Gewalt, Ziele von dauerhaftem Wert zu erreichen? Löst nicht alles, was sie erlangt, letztlich nur Vergeltungsmaßnahmen und Spiralen tödlicher Konflikte aus, die allein für einige wenige ‚Herren des Krieges' von Vorteil sind?" Und Franziskus fährt fort: „Auf Gewalt mit Gewalt zu reagieren führt bestenfalls zu Zwangsmigrationen und ungeheuren Leiden, denn große Mengen an Ressourcen werden für militärische Zwecke bestimmt und den täglichen Bedürfnissen der Jugendlichen, der Familien in Not, der alten Menschen, der Kranken, der großen Mehrheit der Erdenbewohner entzogen. Schlimmstenfalls kann sie zum physischen und psychischen Tod vieler, wenn nicht sogar aller führen."

Jesu Gewaltfreiheit praktizieren

Jesus lebte und lehrte Gewaltfreiheit. Franziskus nennt diese eine „von Grund auf positive Antwort". Jesus „verkündete unermüdlich die bedingungslose Liebe Gottes, der aufnimmt und verzeiht. Er lehrte seine Jünger, die Feinde zu lieben (vgl. Mt 5,44) und ‚die andere Wange' hinzuhalten (vgl. Mt 5,39). Als er die Ankläger der Ehebrecherin daran hinderte, sie zu steinigen (vgl. Joh 8,1-11), und als er in der Nacht vor seinem Tod Petrus gebot, sein Schwert wieder in die Scheide zu stecken (vgl. Mt 26,52), zeichnete Jesus den Weg der Gewaltfreiheit vor, den er bis zum Schluss gegangen ist – bis zum Kreuz, durch das er den Frieden verwirklicht und die Feindschaft getötet hat (vgl. Eph 2,14-16).

Wer die Frohe Botschaft Jesu annimmt, weiß daher die Gewalt, die er in sich trägt, zu erkennen und lässt sich von der Barmherzigkeit Gottes heilen. So wird er selbst ein Werkzeug der Versöhnung."

Franziskus schreibt: „Wahre Jünger Jesu zu sein bedeutet heute, auch seinem Vorschlag der Gewaltfreiheit nachzukommen." Er zitiert Papst Benedikt XVI., der gesagt hat, das Gebot der Feindesliebe (vgl. Lk 6,27) werde „als die Magna

Charta der christlichen Gewaltlosigkeit" betrachtet. „Sie besteht nicht darin, sich dem Bösen zu ergeben […], sondern darin, auf das Böse mit dem Guten zu antworten (vgl. Röm 12,17-21), um so die Kette der Ungerechtigkeit zu sprengen."[48]

Gewaltfreiheit ist stärker als Gewalt

Franziskus erklärt: „Die entschieden und konsequent praktizierte Gewaltfreiheit hat eindrucksvolle Ergebnisse hervorgebracht. Unvergesslich bleiben die von Mahatma Gandhi und Khan Abdul Ghaffar Khan erreichten Erfolge bei der Befreiung Indiens sowie die Erfolge Martin Luther Kings jr. gegen die Rassendiskriminierung. Besonders die Frauen sind oft Vorreiterinnen der Gewaltfreiheit, wie zum Beispiel Leymah Gbowee und Tausende liberianische Frauen, die Gebetstreffen und gewaltlosen Protest (pray-ins) organisiert und so Verhandlungen auf hoher Ebene erreicht haben im Hinblick auf die Beendigung des zweiten Bürgerkriegs in Liberia."

„Die Kirche hat sich für die Verwirklichung gewaltfreier Strategien zur Förderung des Friedens in vielen Ländern eingesetzt und sogar die gewaltsamsten Akteure zu Anstrengungen für den Aufbau eines gerechten und dauerhaften Friedens gedrängt. […]

Werden wir nie müde zu wiederholen: ‚der Name Gottes kann die Gewalt nie rechtfertigen. Allein der Friede ist heilig. Nur der Friede ist heilig, nicht der Krieg!'"[49]

Franziskus schreibt: „Wenn die Wurzel, der die Gewalt entspringt, das Herz der Menschen ist, dann ist es ganz

---

[48] Angelus, 18. Februar 2007. [https://w2.vatican.va/content/benedict-xvi/de/angelus/2007/documents/hf_ben-xvi_ang_20070218.html]

[49] Ansprache beim Weltgebetstag für Frieden, Assisi, 20. September 2016 [https://w2.vatican.va/content/francesco/de/speeches/2016/september/documents/papa-francesco_20160920_assisi-preghiera-pace.html].

wesentlich, den Weg der Gewaltfreiheit an erster Stelle innerhalb der Familie zu gehen. [...] Mit gleicher Dringlichkeit bitte ich, dass die häusliche Gewalt und der Missbrauch von Frauen und Kindern aufhören. [...] Aus dem Innern der Familie springt die Freude der Liebe auf die Welt über und strahlt in die ganze Gesellschaft aus.

Eine Ethik der Brüderlichkeit und der friedlichen Koexistenz von Menschen und von Völkern kann sich nicht auf die Logik der Angst, der Gewalt und der Verschlossenheit gründen, sondern muss auf Verantwortung, Achtung und aufrichtigem Dialog beruhen. In diesem Sinn appelliere ich für die Abrüstung sowie für das Verbot und die Abschaffung der Atomwaffen: Die atomare Abschreckung und die Drohung der gesicherten gegenseitigen Zerstörung können kein Fundament für diese Art der Ethik sein."

Die Vatikan-Konferenz über Gewaltfreiheit

Letzten April kamen achtzig von uns aus aller Welt für drei Tage im Vatikan zusammen, um mit den Amtsträgern des Vatikans über Jesus und Gewaltfreiheit zu sprechen und um den Papst zu bitten, er möge eine neue Enzyklika über Gewaltfreiheit schreiben. Unsere Versammlungen waren sehr positiv und konstruktiv. Als wir dort waren, bat mich unser Gastgeber, der Vorsitzende des Rates für Gerechtigkeit und Frieden Kardinal Turkson, einen Entwurf über Gewaltfreiheit für den Weltfriedenstag 2017 für Papst Franziskus zu schreiben. Ich schickte einen Entwurf, und dasselbe taten meine Freunde Ken Butigan, Marie Dennis und die Leitung von Pax Christi International. Wir freuen uns darüber, dass wir unsere Hauptpunkte und sogar einige unserer Formulierungen in der heutigen Botschaft wiederfinden. In der nächsten Woche werden wir uns wieder in Rom treffen, um über die Möglichkeit einer Enzyklika über Gewaltfreiheit zu sprechen.

Früher als am Tag unseres ersten Treffens werden wir nicht erfahren, ob uns Papst Franziskus persönlich empfangen wird, aber wir hoffen, dass er es tun wird. Wir wollen den Vatikan dazu bewegen, die Theorie vom gerechten Krieg fallenzulassen und vor allem dazu, Jesu Methode der Gewaltfreiheit vollkommen zu übernehmen und in der gesamten Weltkirche Gewaltfreiheit zur Pflicht zu machen.

Papst Franziskus' Einladung zur Gewaltfreiheit

Franziskus folgert: „Der Aufbau des Friedens durch die aktive Gewaltfreiheit ist ein natürliches und notwendiges Element und entspricht den ständigen Bemühungen der Kirche, die Anwendung von Gewalt durch moralische Normen, durch ihre Teilnahme an den Arbeiten der internationalen Einrichtungen und durch den kompetenten Beitrag vieler Christen zur Ausarbeitung der Gesetzgebung auf allen Ebenen zu begrenzen. Jesus selbst bietet uns ein ‚Handbuch' dieser Strategie zum Aufbau des Friedens in der sogenannten Bergpredigt an. Die acht Seligpreisungen (vgl. Mt 5,3-10) skizzieren das Profil des Menschen, den wir als glücklich, gut und authentisch bezeichnen können. Selig, die keine Gewalt anwenden – sagt Jesus –, selig die Barmherzigen, die Friedensstifter, selig, die ein reines Herz haben, die hungern und dürsten nach der Gerechtigkeit.

Das ist auch ein Programm und eine Herausforderung für die politischen und religiösen Führer, für die Verantwortungsträger der internationalen Einrichtungen und für die Leiter der Unternehmen und der Medien der ganzen Welt: die Seligpreisungen in der Art der Ausübung ihrer Verantwortung anzuwenden. Eine Herausforderung, die Gesellschaft, die Gemeinschaft oder das Unternehmen, für das sie verantwortlich sind, im Stil der Friedenstifter aufzubauen; Barmherzigkeit zu beweisen, indem sie es ablehnen, Menschen auszusondern, die Umwelt zu schädigen oder um jeden Preis gewinnen zu wollen. Das erfordert die Bereitschaft, ‚den Konflikt zu ertragen, ihn zu lösen und ihn zum Ausgangspunkt für einen neuen Prozess zu machen'[50] In dieser Weise zu wirken, bedeutet, die Solidarität als den Stil zu wählen, Geschichte zu machen und soziale Freundschaft aufzubauen."

Seine abschließenden Worte sollten eine Quelle des Trostes für uns sein und zugleich eine Herausforderung für die Zeit, die vor uns liegt:

„Die aktive Gewaltfreiheit ist ein Weg, um zu zeigen, dass wirklich die Einheit mächtiger und fruchtbarer ist als der Konflikt. Alles in der Welt ist eng miteinander verbunden.[51] Gewiss, es kann geschehen, dass die Verschiedenheiten Reibereien erzeugen: Gehen wir sie konstruktiv und gewaltlos an [...]. Ich versichere, dass die katholische Kirche jeden Versuch, den Frieden auch durch die aktive und kreative Gewaltfreiheit aufzubauen, begleiten wird. [...]

Jede Handlung in dieser Richtung, so bescheiden sie auch sei, trägt zum Aufbau einer gewaltfreien Welt bei, und das ist der erste Schritt zur Gerechtigkeit und zum Frieden. [...]

Bemühen wir uns im Jahr 2017 mit Gebet und Tat darum, Menschen zu werden, die aus ihrem Herzen, aus ihren Worten und aus ihren Gesten die Gewalt verbannt haben, und gewaltfreie Gemeinschaften aufzubauen, die sich um das gemeinsame Haus kümmern."

---

[50] Apostolisches Schreiben *Evangelii gaudium*, 227. [https://w2.vatican.va/con tent/francesco/de/apost_exhortations/documents/papa-francesco_esortazion e-ap_20131124_evangelii-gaudium.html]

[51] Vgl. Enzyklika *Laudato si'*, 16. 117. 138. [*„Laudato si'"*. *Über die Sorge für das gemeinsame Haus. Libreria Editrice Vaticana 2015.* http://www.dbk.de/file adm in/redaktion/diverse_downloads/presse_2015/2015-06-18-Enzyklika-Laudato -si-DE.pdf]

Da wir uns auf vor uns liegende Jahre des Widerstandes vorbereiten, hoffe ich, dass wir aus dem Ruf an die Welt von Papst Franziskus Mut schöpfen, dass wir die Botschaft weitersagen und unser Teil dazu beitragen, gewaltfrei zu werden und eine globale gewaltfreie Basis-Bewegung aufzubauen, und dass wir die Vision einer neuen, gewaltfreien Welt hochhalten.

John Dear.
Biografisches –
Zeugnisse über ihn

„In diesen dunklen Zeiten ist unsere Aufgabe einfach: die Wahrheit sagen, gegen Krieg und Ungerechtigkeit Widerstand leisten, Gewaltfreiheit üben, den Armen beistehen, alle Menschen lieben, beten und die Vision einer neuen Welt ohne Krieg, Armut und Atomwaffen aufrechterhalten.
Wir sind berufen, dem gewaltfreien Jesus auf der Straße des Friedens zu folgen.
Wenn wir dem Gott des Friedens und dem Weg der Gewaltfreiheit treu sein können, werden wir sehr gesegnet sein."
John Dear

„John Dear ist der Inbegriff eines Friedensstifter", schrieb Erzbischof Desmond Tutu vor ein paar Jahren, als er John für den Friedensnobelpreis vorschlug. „Er ist mit seinem Beispiel an Aktionen und seinen Schriften und zahlreichen Predigten, Reden und Demonstrationen vorangegangen. Er glaubt, dass Frieden nichts Statisches sei, sondern dass Frieden schließen bedeutet, mit Geist, Körper und Seele dabei zu sein. Seine Lehre besteht darin, sich selbst, seinen Nächsten und seinen Feind zu lieben und darin, die Welt zu lieben und zu verstehen, dass wir die tiefe Verantwortung dafür haben, all das zu tun. Er ist ein Mann, der den Mut seiner Überzeugungen hat: Er wendet sich in Wort und Tat gegen Krieg, Waffenproduktion und jede Situation, in der Menschen möglicherweise durch Gewalt in Gefahr geraten. Damit das Böse herrschen kann, ist nichts weiter nötig, als dass die Guten tatenlos zusehen. John Dear drängt uns, uns zu erheben und für das

Leiden der Menschheit, das so oft durch Selbstsucht und Gier verursacht wird, Verantwortung zu übernehmen."

Mehr als drei Jahrzehnte hat John Dear damit zugebracht, mit Menschen in aller Welt über das Evangelium Jesu und den Weg der Gewaltfreiheit zu sprechen und zum Friedenschließen aufzurufen. Er ist katholischer Priester und war Direktor des Versöhnungsbundes, der größten überkonfessionellen Friedensorganisationen in den Vereinigten Staaten. Nach dem 11. September 2001 war er einer der Rote-Kreuz-Koordinatoren der Geistlichen im *Family Assistance Center* und er beriet Tausende von Verwandten der Opfer und Rettungskräften.

Er arbeitete in Obdachlosenunterkünften, Suppenküchen und Gemeindezentren, er reiste in Kriegsgebiete in aller Welt, darunter Irak, Palästina, Nikaragua, Afghanistan, Indien und Kolumbien. Er lebte in El Salvador, Guatemala und Nordirland. Er wurde 75mal bei Aktionen des zivilen Ungehorsams gegen Krieg verhaftet. Er saß wegen einer *Plowshares*-Entwaffnungsaktion acht Monate im Gefängnis. In den 1990er Jahren arrangierte er Gespräche Mutter Teresas mit verschiedenen Gouverneuren in den USA über die Abschaffung der Todesstrafe. Er hat zwei Master-Abschlüsse in Theologie von der *Graduate Theological Union* in Kalifornien und lehrte Theologie an der Universität in Fordham, New York City.

John Dear wurde in folgenden Medien vorgestellt: *The New York Times, The Washington Post, USA Today, The Sun, America, Sojourners, Commonweal, National Public Radio's „All Things Considered"* und andernorts. Viele Jahre lang schrieb er wöchentlich einen Blog für den *National Catholic Reporter* und er kommt regelmäßig in der nationalen Radio-Show *„Democracy Now!"* und der *Huffington Post* vor. Er steht im Mittelpunkt der DVD-Dokumentation *„The Narrow Path"* (mit Musik von Joan Baez und Jackson Browne) und wird von Patti Normile (*St. Anthony Messenger Press*, 2009) in *John Dear*

On Peace porträtiert. Seine dreißig Bücher wurden in zehn Sprachen übersetzt. Darunter sind die Titel *Living Peace, The Nonviolent Life, Lazarus Come Forth, The God of Peace, Jesus the Rebel, Disarming the Heart, Peace Behind Bars, The Questions of Jesus, You Will Be My Witnesses, Our God Is Nonviolent, The Sound of Listening, Seeds of Nonviolence, Walking the Way, Thomas Merton Peacemaker, Transfiguration, Mary of Nazareth* und seine Autobiografie *A Persistent Peace*. Er hat Bücher über Daniel Berrigan, Mohandas Gandhi, Mairead Maguire, Henri Nouwen, Richard McSorley und Horace McKenna herausgegeben.

John Dear gehört zu den Mitarbeitern von *Pace e Bene, peace + all good* in Corvallis in Oregon (www.campaignnnoviolence.org). Er war bis vor einiger Zeit Jesuit, wurde 1993 ordiniert und ist jetzt Priester der Katholischen Diözese von Monterey in Kalifornien.

Zeugnisse
über John Dear

„Die katholische Tradition der sozialen Gerechtigkeit – besonders der Teil, der Waffenproduktion, die Unbedenklichkeit, mit der zu Gewalt gegriffen wird, und die moderne Kriegsführung verurteilt – wird oft als das am besten gehütete Geheimnis der Kirche bezeichnet. Nur wenige in der Kirche arbeiten schwerer daran, diese Tradition in den Vordergrund zu rücken, als Father John Dear. Als produktiver Autor hat er mehr als 30 Bücher geschrieben und als unermüdlicher Aktivist wurde er etwa 75mal wegen Aktionen zivilen Ungehorsams verhaftet. Bei alledem reist er anscheinend unaufhörlich in aller Welt herum, um im ganzen Land Vorlesungen über Friedenschließen zu halten."

The National Catholic Reporter

Oben: John Dear – Vortrag bei pax christi München 2015.
Unten: Internationaler Kongress „Nonviolence & Just Peace" Rom 2016:
Kardinal Peter Turkson, Ken Butigan, John Dear, Mairead Maguire.
(Fotos: Martin Pilgram; pax christi international)

„Achtsam aufeinander zu sein, das sollte im einundzwanzigsten Jahrhundert unser vordringlichstes Anliegen sein, und Father John Dear hält diesen Kurs zuverlässig ein."

Thich Nhat Hanh

„John Dear spricht nicht nur über Jesus, sondern er lebt Jesus: den radikalen, liebevollen und gewaltfeien Jesus. Er bildet Jesus mit seinem eigenen Leben ab und bezieht uns in dieses Abenteuer ein."

Schwester Helen Prejean

„John Dear hat die Gabe, das soziale Evangelium zu erfassen, wie Jesus und die Apostel es verkündet haben. Sein Schreiben steht in der Tradition von Thomas Merton, Henri Nouwen, Jean Vanier und Daniel Berrigan."

J. Christoph Arnold, Der Bruderhof

„John Dears beseelte innere und äußere Reise gibt uns wieder Hoffnung für unser persönliches und öffentliches Friedenschließen."

Der verstorbene Fred Rogers,
Fernsehstar von „Mr. Rogers' Neighborhood"

„,Living Peace' ist ein tief bewegender und stark inspirierender Bericht über John Dears Lebensreise beneidenswerten Mutes, grenzenlosen Glaubens, unbestrittener Hoffnung und bedingungsloser Liebe."

Martin Sheen, Schauspieler und Aktivist

„John Dear ist dorthin gegangen, wohin heilige Worte führen: auf den hohen Berg der Lehre, in die Wüste der vierzig Tage, in die Gärten des Schmerzes. Er hat sein Blut über Atomwaffen gegossen und hat dafür vor Scheingerichten und in unbeschreiblichen Gefängnissen gebüßt. Er ist mit dem Evangelium in Hand und Herz als geflügelter Bote in der Welt umher-gezogen.

Er hat mit den Verdammten dieser Erde in Solidarität zu-sammengelebt. Er weiß genau, dass deren Elend das Ergebnis der gemeinen Großtat verabscheuungswürdiger wirtschaft-licher und mörderischer Amok laufender Instinkte ist. In die-sem Jahrhundert, in diesem Land, das in Stücke gigantischer Unordnung zerspalten ist: Was für ein Zeugnis!"

Daniel Berrigan

„Einige Lehrer lehren nur Theorie und andere nur Praxis. John Dear kann beides. Einige Lehrer sind sehr orthodox und anderen eröffnen neue Perspektiven. John Dear verbindet bei-des, denn er weiß, dass sie eines sind."

Richard Rohr

„Öfter als jeder andere wurde John Dear verhaftet, weil ihm das Handeln für Frieden und menschlichen Anstand zum Verbrechen gemacht wurde. Ich fühle mich geehrt, dass ich mich als eine Freundin betrachten kann."

Joan Baez

„John Dears außergewöhnliche Autobiografie *A Persistent Peace* gipfelt in der Beschreibung folgender Szene: Bevor eine Einheit der Nationalgarde in den Irak versetzt wird, steht sie am frühen Morgen vor der Tür seiner Pfarrei in New Mexico. Dort hatte er gegen den Krieg gepredigt und gesungen ‚Eine Kugel – ein Toter!' Die Quintessenz seines Lebens wird in dieser Szene sichtbar: Ein Jesuitenpriester, dessen Engage-ment für Gewaltfreiheit und Frieden ihn nach El Salvador, in den Nahen Osten und überallhin in den Vereinigten Staaten führt und dessen Protest ihn immer wieder im Gefängnis landen lässt. Sein tiefer Glaube und seine beständige Hingabe an die Prinzipien Jesu, Dorothy Days, Thomas Mertons und Daniel Berrigans brachten ihn dazu, den Autoritäten der

Hierarchien – sowohl denen seiner Kirche als auch denen der Nation – zu trotzen und an seinem Glauben festzuhalten, selbst wenn Soldaten vor seiner Tür auftauchen und Drohungen schreien. John Dears Lebensgeschichte ist inspirierend und warmherzig."

Der verstorbene Howard Zinn, Autor von „A People's History of the United States: 1492 – Present" (1980, überarbeitet 1995)

Textnachweise

Den folgenden Nachweisen sind jeweils Internetadressen hinzugefügt,
über die die Originaltexte heute abgerufen werden können.
(Letzer Stand für alle im Buch angegebenen Internetressourcen: 19.03.2018.)
Zahlreiche weitere Aufsätze und Reden sind zu finden
auf der Internetseite des Autors (http://johndear.org/).

(1.) EINE SPIRITUALITÄT DES WIDERSTANDES
A Spirituality of Resistance (2011).
Rede am 28. Februar 2011 anlässlich der Achten Sabeel-Konferenz in Bethlehem in Palästina (Sabeel Ecumenical Liberation Theology Center. Working for Justice, Peace and Reconciliation in Palestine – Israel; www.sabeel.org).
https://eruptionofhope.wordpress.com/2011/05/13/a-spirituality-of-resistance-by-john-dear/

(2.) KEINEN MENSCHEN MEHR VERLETZEN !
Reflection: „No More Hurting People!" (22. April 2013).
https://paxchristiusa.org/2013/04/23/reflection-no-more-hurting-people-8-year-old-bombing-victim-begs/

(3.) UNGEHORSAME JÜNGER JESU.
ÜBER ZIVILEN UNGEHORSAM UND NACHFOLGE
Civil Disobedience and Discipleship to Jesus (1. Februar 2013).
https://redletterchristians.org/civil-disobedience-and-discipleship-to-jesus/

(4.) THOMAS MERTON UND DIE WEISHEIT DER GEWALTFREIHEIT
Thomas Merton and the Wisdom of Nonviolence
(San Diego, California – Juni 2005).
http://satyagrahafoundation.org/thomas-merton-and-the-wisdom-of-nonviolence/

(5.) JONA UND DER AUFTRAG ZUM FRIEDEN
Jonah and the mission of peace (2013).
Erstveröffentlichung in: „The National Catholic Reporter",
drei Teile: 16., 23. und 30. Juli 2013.
https://ncronline.org/blogs/road-peace/jonah-and-mission-peace-part-1
https://ncronline.org/blogs/road-peace/jonah-and-mission-peace-part-2
https://ncronline.org/blogs/road-peace/jonah-and-mission-peace-part-3

(6.) Unser Gott ist ein Gott der Gewaltfreiheit:
Frieden stiftende Religion in einer Krieg führenden Welt
Our God Is a God of Nonviolence – Peacemaking Religion In a War Making World
(1. April 1999).
http://johndear.org/our-god-is-a-god-of-nonviolence/

(7.) Der Weg nach Afghanistan –
Ein Tagebuch über Wege des Friedens
The Road to Afghanistan: A Peacemaking Journal (2012).
Erstveröffentlichung in: „The National Catholic Reporter",
zwei Teile: 11. und 18. Dezember 2012.
https://ncronline.org/blogs/road-peace/afghanistan-journal-part-one-
learning-nonviolent-lifestyle-kabul
https://ncronline.org/blogs/road-peace/afghanistan-journal-part-two-
bearing-witness-peacemaking-war-torn-country

(8.) Nach 32 Jahren verlasse ich den Jesuitenorden
Leaving the Jesuits after 32 years (2014).
Erstveröffentlichung in: „The National Catholic Reporter", 7. Januar 2014.
https://ncronline.org/blogs/road-peace/leaving-jesuits-after-32-years

(9.) Die Botschaft von Papst Franziskus zur Feier des
Weltfriedenstages 2017: Die erste kirchliche Erklärung
in der Geschichte zur Gewaltfreiheit
*Pope Francis' 2017 World Day of Peace Message: The Church's First Statement
on Nonviolence in History* (12. December 2016).
http://johndear.org/pope-francis-2017-world-day-of-peace-message-the-
churchs-first-statement-on-nonviolence-in-history/

*

John Dear. Biographisches – Zeugnisse über ihn
A Biography of John Dear (abgerufen am 3. März 2018).
http://johndear.org/a-biography-of-john-dear/

Die Übersetzerin

Ingrid von Heiseler

Foto: Thorsten Greve, Mai 2013

Ingrid von Heiseler

Studium der Germanistik, Theologie und Pädagogik; Staatsexamen an der Universität Göttingen, Referendariat in Braunschweig, Lehrerin am Gymnasium Kreuzheide in Wolfsburg (1968-98). – Zusatzausbildungen u.a. in Gesprächstherapie (GwG), Gruppenmoderation, Gordon-Lehrer-Training, Systemischer Beratung und Mediation.

Autorin des „erzählenden Berichts" *Einer tanzt aus der Reihe* (1990), von *Ingo lebt anders (ebuch), Lost in Goa. Fakten und Fiktion* (2001), der Autobiografie *Leben10Anfänge* (2011) und *Dieser Eingang ist nur für dich bestimmt*. Kürzere Texte, zunächst als ebuch und dann als Taschenbuch.

Seit 2002 Übersetzungen von Publikationen auf dem Gebiet Frieden und Konfliktbearbeitung und Lektorieren wissenschaftlicher Arbeiten. Als Bücher erschienen u. a.: John A. McConnell, *Achtsame Mediation*; Johan Galtung, *Konflikte und Konfliktlösungen*; derselbe, *100 Lösungsszenarien für Konflikte in aller Welt*; Michael Henderson, *Die Macht der Vergebung*; Pat Patfoort, *Sich verteidigen ohne anzugreifen* (aus dem Französischen), Jean Bricmont, *Humanitärer Imperialismus*; Dietrich Fischer, *Umfassende Sicherheit mit friedlichen Mitteln*; Ira Chernus, *Warum handeln Menschen gewaltfrei? Geschichte einer Idee*; Abdul Ghaffar Khan, *Mein Leben*; Uri Avnery, *Israel im arabischen Frühling* (Artikel 2012), derselbe, *Israel und Palästina auf dem Wege zu einer Zweistaatenlösung?* (Artikel 2015), Die Autobiografie von Josef Ben-Eliezer, *Meine Flucht nach Hause*, André Gunder Frank, *ReOrient. Globalwirtschaft im Asiatischen Zeitalter*. Außerdem der Roman (aus Tamil aus Englisch): *Salma, Die Stunde nach Mitternacht*.

Insgesamt 23 eBücher und sieben Taschenbücher bei Kindle Amazon. Alle Arbeiten bis Ende 2017 werden auf der Webseite vorgestellt: http://ingridvonheiseler.formatlabor.net

edition pace

Die mit dem vorliegenden Band eröffnete *edition pace*,
initiiert von Thomas Nauerth und Peter Bürger,
erschließt Quellentexte, Inspirationen und Forschungsbeiträge
zu folgenden Themenschwerpunkten:

Kultur der Gewaltfreiheit und des Friedens;
Persönlichkeiten, Spiritualität und Praxis
des gewaltfreien Widerstands;
Friedenstheologie, Kritik der Kriegsreligion;
Kirchliche Friedenslehren und Geschichte des
religiös motivierten Pazifismus;
Ökumenische und interreligiöse Lernprozesse
in der Bewegung für Gerechtigkeit, Frieden und
Bewahrung der Schöpfung.